I0822085

ABHANDLUNGEN FÜR DIE KUNDE DES MORGENLANDES

Im Auftrag der Deutschen Morgenländischen Gesellschaft herausgegeben von Florian C. Reiter

Band 75

2011

Harrassowitz Verlag · Wiesbaden

Early Ibāḍī Literature

Abu l-Mundhir Bashīr b. Muḥammad b. Maḥbūb
Kitāb al-Raṣf fi l-Tawḥīd, Kitāb al-Muḥāraba and *Sīra*

Introduced and edited by
Abdulrahman al-Salimi and Wilferd Madelung

2011

Harrassowitz Verlag · Wiesbaden

Bibliografische Information der Deutschen Nationalbibliothek
Die Deutsche Nationalbibliothek verzeichnet diese Publikation in der Deutschen Nationalbibliografie; detaillierte bibliografische Daten sind im Internet über http://dnb.d-nb.de abrufbar.

Bibliographic information published by the Deutsche Nationalbibliothek
The Deutsche Nationalbibliothek lists this publication in the Deutsche Nationalbibliografie; detailed bibliographic data are available in the internet at http://dnb.d-nb.de.

For further information about our publishing program consult our website http://www.harrassowitz-verlag.de

Printed on permanent/durable paper.
Printing and binding: Memminger MedienCentrum AG
Printed in Germany

ISSN 0567-4980
ISBN 978-3-447-06435-4

Table of Contents

Introduction

The present volume contains a first edition of three Arabic treatises by the ʿUmānī Ibāḍī religious scholar Abu l-Mundhir Bashīr b. Muḥammad b. Maḥbūb (d. ca. 290/908). Two of the texts, *K. al-Raṣf fi l-Tawḥīd*[1] (Book of Paving about Divine Unity) and *K. al-Muḥāraba* (Book of Warfare), were until recently considered lost by western scholars.[2] With their discovery, a significant new source for the study of the development of early Ibāḍī thought in Oman has become available. The third text, Abu l-Mundhir's so-called *Sīra,* sets forth his legal opinion condemning the deposition of the ʿUmānī Ibāḍī Imam al-Ṣalt b. Mālik in 272/886.

The author of the texts, Abu l-Mundhir Bashīr, was a grandson of Abū Sufyān Maḥbūb b. Ruḥayl, the last leader of the Baṣran Ibāḍī community in succession to Wāʾil b. Ayyūb (d. ca. 190/806) and is thought to have died around 210/825. Maḥbūb visited Oman repeatedly and, according to some sources, moved to Ṣuḥār in Oman before his death, but this seems unlikely, and according to another report he rather died in Mekka. His most famous son, Abū ʿAbd Allāh Muḥammad b. Maḥbūb, is known to have studied first in Baṣra and later in Oman. He became *qāḍī* of Ṣuḥār from 249/863 until his death in 260/873 and was involved in the controversy over the theological doctrine of the created nature of the Qurʾān. As he backed this doctrine, he was almost expelled from Oman, since the contemporary Ibāḍī scholars there were strictly traditionalist in outlook and opposed to the speculative theology of *kalām.* Muḥammad b. Maḥbūb, however, enjoyed the trust of the contemporary Ibāḍī Imams of Oman. Both his sons, Abu l-Mundhir Bashīr and ʿAbd Allāh, were born and died in Ṣuḥār.

Abu l-Mundhir became a prominent Ibāḍī scholar and author of authoritative theological and legal books. His writings reflect expert knowledge of Ibāḍī religious law and a consistent inclination to rationalist *kalām* in contrast to the traditionalist tendency of earlier Ibāḍī scholarship in Oman. An affinity with the thought of the contemporary Muʿtazilī theologian Abū ʿAlī al-Jubbāʾī (d. 303/915–16) is distinctly apparent, although there is no evidence that Abu l-Mundhir ever met al-Jubbāʾī.

1 The full title as given in the manuscripts is: *Kitāb al-Raṣf fi l-tawḥīd wa-aḥkām al-Qurʾān wa l-asmāʾ wa l-aḥkām wa l-sunna wa l-imāma wa-asmāʾ al-dār wa-aḥkāmihā wa-ḥudūth al-ʿālam.*

2 See J. C. Wilkinson, *The Imamate Tradition of Oman,* Cambridge 1987, p. 190; P. Crone and F. Zimmermann, *The Epistle of Sālim b. Dhakwān,* Oxford 2001, p. 314.

The *K. al-Raṣf* is a compendium of *kalām* theology from an Ibāḍī point of view. Occasional redactional notes seem to indicate that the text originally consisted of lectures presented over a period of time and then collected and abridged by a student of the author. Internal and external evidence suggests that it may have been composed between 260/874 and 270/884. By his emphasis on the essential rationality of the basic religious truths, including the existence of God, His attributes, knowledge of good and evil, and desert of reward and punishment, the author aligns himself with contemporary Muʿtazilī teaching. In the preamble, God is praised for His omnipotence and wisdom in His creation and in the imposition of obligations *(taklīf)* on mankind. The chapter on the origination of the world is based on the *kalām* concepts of substance and accidents. The chapter on divine Unity *(tawḥīd)* draws the distinction between eternal and originated being, between attributes of essence and of act. Knowledge is based on sense perception and rational analogy. Every human being of sound mind is obliged to acquire knowledge of God even if revelation has not reached him or her. The chapter on the Qurʾān deals with its rhetorical perfection, the stable veracity of its information, the obligation to promulgate the Promise and the Threat *(al-waʿd wa l-waʿīd).* general and particular commandment, and abrogation. The chapter on legal Names and Rules *(al-asmāʾ wa l-aḥkām)* discusses the implications of names denoting legal status in the religious law. In the chapter on the Sunna, the degrees and the extent of obligation arising from the practice of the Prophet and the community are examined. The section on the Imamate presents arguments for its necessity on the basis of the Qurʾān, the Sunna, and Consensus. The final chapter, on the names and rules of the Abode *(dār),* deals with the legal status of lands where unbelief or grave immorality *(fisq)* prevails and the conditions under which the believer may visit or stay in such lands. Ibāḍī concerns are evident in this chapter.

The *K. al-Muḥāraba* essentially deals with the law of warfare. Like the *K. al-Raṣf,* however, it begins with the praise of God's omnipotence, omniscience, and wisdom apparent in His creation and presents a rational proof for the origination of the world. The author goes on to prove the unconditional veracity of God's Messengers in conveying their messages to mankind and in particular the truthfulness of the Prophet Muḥammad, which is necessarily known. He then turns to the Qurʾān, quoting and analyzing the verses authorizing and regulating war against refractory opponents and wrongdoers in their historical progression. He distinguishes between the rules applying to the fight against the idolators, the unbelievers of the People of the Book, and the apostates from Islam. The next section deals with the rules of warfare derived from the Sunna. There follows a lengthy chapter on the Qur'ānic duty of Commanding Right and Forbidding Wrong. The last section deals in considerable detail with warfare against Muslim rebels *(ahl al-baghy).* This also involves the legitimacy and obligation to fight an unjust and oppressive Muslim Imam in self-defence. Here again specific Ibāḍī concerns evidently were at stake, and the author quotes relevant opinions of Ibāḍī scholars and refers to incidents in the Ibāḍī Imamate in Oman. The *K. al-Muḥāraba* is most likely to be dated slightly later than the *K. al-Raṣf,* during the last years of Imam al-Ṣalt b. Mālik (deposed 272/886).

The *Sīra* presents Abu l-Mundhir's formal legal opinion concerning the abdication of Imam al-Ṣalt b. Mālik al-Kharūsī forced by the armed revolt of the powerful Qāḍī Mūsā b. Mūsā b. ʿAlī, who installed Rāshid b. al-Naẓar al-Fajḥī as the Imam in 272/886. The revolt, as Abu l-Mundhir explains, caused a split in the Ibāḍī community in Oman leading to mutual recrimination. For some time, however, the two sides in the dispute refrained from express dissociation *(barāʾa)* from opponents, until one of the supporters of the revolt published a letter in which he declared it a religious obligation. The leading opponents of the revolt now assembled to discuss the letter and decided on obligatory dissociation from Mūsā b. Mūsā, Rāshid b. al-Naẓar and all their unrepentant supporters. Abu l-Mundhir explains and backs their position. He quotes Mūsā b. Mūsā's defense of his actions and refutes his arguments one by one. He affirms that a legitimately installed Imam cannot be deposed except on three grounds: physical disability to perform one of the religious duties of the Imam, incurrence of a divinely ordained *ḥadd* punishment, or refusal to repent of a religious offence known by the public. None of these grounds were valid in the case of al-Ṣalt b. Mālik.

At the end of the *Sīra* Abu l-Mundhir briefly alludes to further developments of the conflict.[3] In 277/890 Rāshid b.al-Naẓar was overthrown by the opponents of the earlier revolt against the legitimate Imam, and in his place ʿAzzān b. Tamīm al-Kharūsī was installed as the Imam. ʿAzzān demanded public repentance of Mūsā b. Mūsā and his followers for their rebellion. This led to armed conflict, and Mūsā b. Mūsā was killed in the battle of Izkī together with many of his supporters in Shaʿbān 278/ Dec. 891. Despite this defeat, the party of Mūsā was able to establish his close companion al-Faḍl b. al-Ḥawārī as counter-Imam. The conflict expanded into bloody warfare between the Yemenite (Qaḥṭān) and Northern (Nizār) Arab tribes in Oman.

3 See Wilkinson, *The Imamate Tradition of Oman,* p. 166.

The ʿAbbāsid governor of al-Baḥrayn was able to invade Oman and in 280/893 put an end to the disputed Ibāḍī imamate. Abu l-Mundhir does not mention this disaster for the Ibāḍīs. The *Sīra* evidently was composed still during the imamate of ʿAzzān b. Tamīm between 278/891 and 280/893.

The edition of each of the texts is based on four out of five manuscripts kept in three private libraries in Oman, the Sālimī library in Bidiyya, the Sayyid Muḥammad b. Aḥmad Āl Bū Saʿīdī library in al-Sīb and the collection of Shaykh Aḥmad b. Ḥamad al-Khalīlī, the recent Grand Muftī of Oman.

1: ا, Maktabat al-Sālimī no. 7, containing a collection of ʿUmānī Ibāḍī epistles. The front of the manuscript is torn and some pages are missing. It was completed on 9 Ṣafar 1122/8 April 1710 in the castle of Ibrā in the time of Imam Sayf b. Sulṭān al-Yaʿrubī. The copyist is Sālim b. Khamīs b. Najjād al-Mahīlawi. The page size is 14×23.5 cm containing 26 lines. The volume now contains 653 pages and 75 epistles, with an index of the epistles at the beginning. The script is *naskhī.* The *K. al-Raṣf* is on pp. 180–193, the *K. al-Muḥāraba* on pp. 193–205 and the *Sīra* on pp. 143–152. The title of the epistles is written in red ink.

2: ب, Maktabat Āl Bū Saʿīdī no. 1358. Beginning and end of the manuscript are missing. The manuscript now contains 410 pages, each page measuring 20×18 cm and containing 28–29 lines. It is written in *naskhī* script with titles in red ink. The *K. al-Raṣf* is on pp. 209–222, the *K. al-Muḥāraba* on pp. 222–238 and the *Sīra* on pp. 7–16. The manuscript may be dated to the last half of the 12th/18th century.

3: ج, Maktabat Āl Bū Saʿīdī no. 2023. This manuscript contains 676 pages, each page measuring 34×22 cm and containing 23–24 lines. It was completed on 6 Jumādā I 1183/7 Nov. 1770 by the copyist ʿAbd Allāh b. Saʿīd al-Maskarī. The *K. al-Raṣf* is pp. 48-62, the *K. al-Muḥāraba* on pp. 62–79 and the *Sīra* on pp. 53–64.

4: د, Maktabat al-Sālimī, a photocopy of a manuscript containing a collection of Ibāḍī epistles. The present whereabouts of the manuscript is unknown. Each page measures 31×20 cm and contains around 23 lines. The script is *naskhī.* Beginning and end of the manuscript are missing. This manuscript does not contain the text of the *Sīra.*

5: ر, Maktabat al-Khalīlī. The manuscript contains 283 folios and is written in *naskhī* script. It was completed on 29 Ṣafar 1131/21 Jan. 1719 by the copyist Saʿīd b. ʿAbd Allāh b. Aḥmad Āl Bū Saʿīdī. Each page measures 34×20 cm and contains 22–23 lines. An index at the beginning of the manuscript lists its contents of forty *sīras* (epistles). The *Sīra* of Abu l-Mundhir is on pp. 44–53. The text provides numerous variant readings not contained in the other manuscripts.

All five manuscripts are late and corrupt in many places. The frequent appearance of the same mistakes in all of them indicates that they derive from a single original that was already quite corrupt. While some emendations proposed in the edition were straightforward, others must remain speculative without much hope that the original text could be fully restored. The Arabic script has been adjusted to modern convention throughout the edition, and missing diacritical dots have regularly been supplied.

ثلاث رسائل إباضية

لأبي المنذر بشير بن محمد بن محبوب

تحقيق وتقديم
عبد الرحمن السالمي
ويلفرد مادلنغ

2011
Harrassowitz Verlag · Wiesbaden

فهرس المحتويات

كتاب الرَّصف
في التوحيد وأحكام القرآن والأسماء والأحكام والسنة والإمامة وأسماء الدار وأحكامها وحدوث العالم

للشيخ بشير بن مُحَمَّد بن مَحبوب

الحمد لله مقيم أعلام الحجّة، مبين آثار الصنعة، محدث بدائع الفطرة، شاهدةً في تفرّقها وتألّفها، ودالَّةً في تشاكلها وتضادّها، وما لم ينفكَّ منه فيها لمن توسمه منها تَجلية التعريف لها، والتكليف لقبول شهادتها، والتصديق لدلالتها على أنه كذلك صنعها، وأنه حكيم في صنعها وتكليف من كلّفه منها لما كلفه فيها، وأنه عالم بها قبل كونها على ما هي بعد كونِها، وقادر عليها، ومالك لها في تصرفِها وتصنفها وتوافقها واختلافها ولكلّ ما فيها، وأنه متعالٍ عن مناسبتها وبريء من شبه معانيها، متقن تدبيرها في ابتدائها ومداها، وإبادتها وإعادتها، حكمةً بالغةً، سبحان رب العالمين، أنزل كتباً، وأرسل رسلاً مبشّرين ومنذرين، ليحيى من حيّ عن بيّنةٍ ويحقّ القول على الكافرين.

ثم إنا على أثر ذلك قائلون في بيانِ حكمة التكليف لما يوفّق الله له قولاً منتظماً لفساد علل من أبى حكمته ونفى عدله إن شاء الله. إنا وجدنا العقول بِها زمام الطباع، وآلة البيان، وعيان العرفانِ، وعلّة الفرقان، بها تبين حسان الأمور وقبيحها، وفاسدها وصحيحها، والتميز بها، والحكمة ما شرف فيها، والخواطر تنبيه لها، والفكر شعارها، ذلك تقدير العزيز العليم، خصّ بها الإنسانية من خلقه، وفضّل بها المكلّفين من عباده، ليبلغوا بها منافع لهم، وأعدمهم العجز عما كلّفهم، حجّةً عليهم، وحكمةً بالغةً فيهم، وفضلاً عظيماً لهم، مع قدرته على إيصال ما عرّضهم له بعبادته وغناه عنه وعنها منهم. فحسن مع ذلك تكليفهم، لأنه لا يجوز في الحكمة

١ الرَّصف] الرصف: - ا؛ الرضف، ج. ٥ في] -، ب؛ على، د ٦ توسمه] وسمه؛ د || تَجلية] تحلية، ا ب د؛ بحلية، ج ٩ وبريء] يري، ا ١٠ ومداها] ومددها، ا ب ج د ١٥ وعيان] وعنان، ب؛ وعنيان، ج || والتميز] والتمييز، ا ١٦ تنبيه] تنبيها، ا ج د ١٧ بها[2]] به، ا ب د المكلّفين] المكلفن، ا || وأعدمهم] اعد فيهم، ب ج د ١٨ إيصال] اتصال، ج د

شكر من لا يستحقّ الشكر بإحسان كان منه مع لذّته بذلك، وقدرة الشاكر على شكره، ولذلك لم يجز أن يبتدئ عباده بالشكر لهم، وإيصال اللذّة به إليهم من غير أن يكون منهم فعل يستحقّون به شكره إياهم، وإن كان قادراً على ذلك بهم، وكذلك ما أدخله من المكاره على أفعالهم لا يجوز في الحكمة ابتداؤهم بما يعوّضهم به منه، لأن العوض استحقاق بما نالهم، ولأن لذّتهم بما يستحقّون لا يجوز كونها بغير ما يستحقّون. ولما كان خلقه إياهم لينتفعوا حكمة كان الإحسان إليهم كذلك، وكان الكفر منهم لذلك قبيحاً في عقولهم، وكان الشكر به حسناً منهم، [و]ترك هذا الشكر [قبيحاً]، ولما كان ذلك كذلك كان الأمر بهذا الشكرِ والترغيب فيه حسناً، ولما كان ذلك حسناً كان تركه قبيحاً، ولما كان تركه قبيحاً كان النهي عن تركه حكمةً، لأن ما كان حسناً فحسن الأمر به، وما كان قبيحاً فحسن التزهيد فيه منهم والنهي عنه.

ولن يكون الترغيب إلا بأن يعدهم المرغّب لهم على المرغّب فيه خيراً، يعدهم أنه يحرم ذلك على من كفره ولم يرغب فيه. وإذا كان ذلك كذلك لم يجز في الحكمة أن يساوى بين الكافر والشاكر ولا يعطى أحدهما ما يعطاه الآخر منهما، ولو كان ذلك كذلك لما رغِب الراغب في الشكر، ولا زهد الزاهد في الكفر إذا كان ينال بأحدهما من اللذة وارتفاع المنزلة ما ينال بالآخر منهما، ولو كان ذلك كذلك لكان لا معنى للترغيب في الشكر والتزهيد في الكفر دون الترغيب في الكفرِ والتزهيد في الشكر، ولو كان ذلك كذلك لكان لا فرق في العقل بين الحسنِ والقبيح والفاسد والصحيح. ولما لم يكن ذلك كذلك صحّ أن الذي يستحقّ بالشكر من الثواب لا يجوز أن يعطاه من لا يستحقّ ذلك بشكره وطاعته، ولذلك حسن التكليف، وإن كان ذلك متعباً للمكلَّفين إذا كانوا ينالون به نفعاً ونعماً لا يجوز في الحكمة أن ينالوه من غير أن يستحقّوه بفعل ما كلّفوه، وإن كان الله تبارك وتعالى قادراً على أن يفعل ذلك بهم ويوصله إليهم.

٢ وإيصال] واتصال، ج د **٣** شكره] شكرهم، ا **٤** أفعالهم] أطفالهم، ب ج د **٥** حكمة] حكمته، ا ب **٦** به] -، ا ج د **٩** كان[1]] + كان، ب د || التزهيد] الترهيب، ا **١٠** يعدهم[1]] يعبهم، ا || المرغّب لهم] الترغيب، ا: الترغيب على، ج || يعدهم[2]] بعدهم، ا || يحرم] يجزم، ا **١١** وإذا] أَنَّ، ا ب || الحكمة] الحكم، ا ب ج **١٢** لما] ما، ب ج || رغِب] + فيه، ا **١٣** الكفر] + إلا، ا || بأحدهما] باحداهما، ا ب **١٤** معنى] معين، ج || والتزهيد] والترهيب، ا **١٦** ذلك] -، ا ب || بالشكر] الشكر، ا ب ج **١٧** بشكره] شكره، ا ب **١٨** يجوز] تجوز، ا ب

باب القول في الحدوث منتظم لعلل من رآه، ومبين عن فساد قول من نفاه بتوفيق الله وعونه وفضله ومنّه

ابتدأ القائل بأنه اتّصل بإحساس الحيوانية محسوساتٍ ضرورية، وقام في أوهام الإنسانية موهومات مائية، وضبطت العقول الغريزية معقولات شيئية، تنقسم بصحّة التمييز لها وفي حكم العبارة عنها إلى أقسام عينية على ضربين، وتتصرّف في وجهين، موجود ومعدوم، ومجهول ومعلوم، ثم تنقسم المعدومات قسمين يكون ولا يكون، فما لا يكون فمتناهٍ في قسمته إلى حدّ العلم به والقدرة عليه والخبر عنه، وما يكون فكونه على ضربين معاد ومبتدأ، وكلاهما عرض وجوهر، لا يفارق العرض جوهره ولا الجوهر عرضه، غير متجرّد أحدهما من صاحبه ومحال وجوده إلا به.

والجوهر [هو] المجتمع المفترق، والعرض [هو] اللازم له، الاجتماع في المجتمع والافتراق في المفترق، وكلاهما يجمعه حكم الحدث بما لم ينفكّ واحد منهما من الآخر بالسبق له والتأخّر عنه، فهما معاً عياناً مشاهدان وفي الأوهام موجودان، دليلان صادقان، وشاهدان عدلان، على أنفسهما أنهما محدثان، لا على وجودهما إذ كان بالمشاهدة يعلم وجودهما من لا يعلم حدوثهما، وإن لم يكن حدوثهما ووجودهما هو شيء غيرهما، لكن معنى حدوثهما وجودهما في وقتٍ لم يكونا قبله، وذلك معنى غير مشاهدٍ إلا لمن شاهد ما قبل حدوثهما، ثم شاهدهما حادثين في وقت وجودهما بعد أن علم بالمشاهدة أنهما لا حادثان فيما قبله، فهما دليلان على حدوثهما في هذا المعنى.

وقد يعلم المجتمع والمفترق من لا يعلمه دليلاً على حدثه، ثم يعلمه كذلك، كعلمه شخصاً، ثم يعلمه من أحد أجناس الأشخاص، أو صنفاً من الأعيان، ثم يعلمه بأحد الأوصاف، كالعلم

١ الحدوث منتظم] حدوث المنتظم، ا || رآه] اباه، د؛ أتاه، ا ب ج ٢ ومبين] وتبيين، ا || قول] - ، ج د ٤ شيئية] سيية، ا د || تنقسم] ينقسم، ا ب ج د ٥ العبارة] + العبارة، ا || أقسام] الانقسام، ا ب ج د || وتتصرّف] ويتصرف، ا ج د ٧ والخبر] الخير، ا ب ١١ من] منه، ا ب ج د ١٣ يعلم[1]] بعلم، ا ب د ١٤ حدوثهما[1]] + حدوثها، ب ج د || وإن] فان، ج || ووجودهما] في وجودهما، ج د || وجودهما] ووجودهما، ب ج د ١٥ إلا لمن] له إلاَّ من، ا ب ج د ١٨ ثم[1]] بما، ا ١٩ يعلمه[1]] لعلمه، ا

الثاني [الذي] وقع بالمعلوم الأول. وكذلك فيما يُعتقَد ويجهل على سبيل ما قلنا في المعلوم بعلمين والموصوف بصفتين. فالجوهرُ دليل بعرضه، والعرض دليل بجوهره، وكلّ واحد منهما دليل على نفسه وعلى غيره، وغير مفارقٍ لأخيه، لأنه لا يخلو أن يكون ذا حالّ، أو هو حالّ لغيره، وليس وجودهُ كذلك الدليل عليه إما محلوله أو حالّه، لأنه دليل قبل وجداننا له، لكن وجودنا له كذلك سبيل دلالته لنا على أنه محدث، ولو كان الدليل عليه غيره لجاز رفع الدليل وتركه، لكنه دليل على نفسه ومحال وجوده غير دليل، ﴿ذَلِكَ تَقْدِيرُ الْعَزِيزِ الْعَلِيمِ﴾.

باب في التوحيد

قال: ثم رجع بنا القول بعد تصحيح حدث العالم إلى تفسير الموجودات، فوجدناها قسمين: قديم، ومحدث. فالمحدث ما كان بعد إذ لم يكن لما وصفناه به. والقديم هو الله المحدِث، له أحسن الأسماء وأمدح الصفات، وإنها لا اشتباه بها ولا تضادّ لها ولا تنافي لتأويلها، والمعني بهذه الأسماء، [و]هو الله، واحد وإن اختلفت معانيها لمسميات فيها تقصد القلوب بالتسمية إليها، وثبتت في العبارة عنها، وإنها أعيان فيما عقل من صحّة تأويلها بلا اختلاف لنفي أغيارها، والله متعالٍ عن أضدادها وبريء مما نافاها، وإن لم يكن بأعيانها نفي أضدادها، إذ لم يكن بنفي أضدادها إثباتها. وما كان للمحدِث منها من الوجوه كلها فلا للمحدَث كونها ووجوبها، ولا لما يتماثل ويشتبه من جهة معانيها المتعلّقة بها في المخبر به والمشار إليه منها. بل

١ بالمعلوم] بالعلوم، ج د **٣** لأخيه] اخيه، ا ب ج د || ذا] + في، ب د || أو هو] وهو، ا؛ إذ هو، ج **٤** الدليل] الدلل، ا || قبل وجداننا] قيل وجدانيا، ا **٦** دليل[2]] + في، ب || الْعَزِيزِ الْعَلِيمِ] الحكيم العليم، د **٨** تفسير] تفسر، ا || فوجدناها] وجدناها، ج د || قسمين] قسم، ا **١١** تقصد] بقصد، ا، ج **١٢** عقل] عقب، د **١٣** أغيارها] اعنادها، ج؛ اعادها، د || وبريء] ويرى، ا د || بأعيانها] باثباتها، ب د **١٤** بنفي] لنفي، ا ب || إثباتها] وإثباتها، ا ب ج د **١٥** ويشتبه] ويتشبه، ا ب ج

هو ولله الحمد العظيم لما لا يَختلف في المختلف ولا يتّفق في المشتبه، وليس في معاني المشتبَه فيه وفي محدَثها بأسمائها تشبيهٌ له بها.

فمعاني الأسماء آحادٌ تبين، ومعاني الصفات أعداد تضمينٍ، ومنها الذاتي والفعلي، فالذاتي ما لم يزل للموصوف به تأويلها، والفعلي وجوبها والفعل معاً، فما وقعت به عليه اللغة منها وصفاً فلا قياس فيه، وما كان لعلّة ما فحيث كانت كان الاسم لها به صحيحاً بصحة التمييز وحكم النظر، وبالله التوفيق، فعدل العلم به أنه لا خبر إلا من عنده، وتعالى سبحانه وبحمده عن معاني المحدثات وجلّ عن شبه المحدودات. وبعد هذا بيان في المضمنات أنها تَختلف لمعانٍ فيها، وإن كان التضمين يجمعها، كالعلم بمعلومات معدومات والقدرة بمقدورات غير مكوّنات، وليس كذلك الرؤية للمرئيات والسمع للمسموعات، لأن هذا لا يقع إلا لموجودات. وواجب التسمية لله بالأسماء الفعلية من اللغة قبل مجيء السمع بما قد يتّفق للمعنى الواحد اسمان منها، وليس في اتّفاق الأسماء واعتقادها في الأجسام وخالقها الذي لم يشبه الأجسام [اشتباه] لأنها تشبيه له بها، كقولك حيّ وعالم وقادر ومريد، لأنه ليس لهذه الصفات ما اشتبهت [به] الأجسام والجواهر.

وإنما الصفات التي يشتبه بها كقولك الصوَر والهيئات والتأليف والمؤلّفات والسكون والحركات والسواد والبياض والكليات والأبعاض والجواهر والأعراض. فمن نفى عن الله اشتباه الأشياءِ في معانيها وأجناسها على سبيلِ ما بيّناه منها ووصفه بأنه قادر سميع بصير حيّ مريد لم تكن هذه صفة تشبيه له بالأجسام وإن وصفت بها، لأن هذه الصفات لم تكن للأجسام بأنها أجسام [و]لا لما ذكرناه مما به تشتبه الأجسام، ولذلك لم يكن التثبيت لها تشبيهاً لله بخلقه بها،

١ يتّفق] ينفق، ا ٢ فيه وفي] عنه وعن، ا ب ج د || بأسمائها] واسمائها، د ٣ تبين] شيئين، ا ب ج د ٦ فعدل] يعدل، ا ب ج د ٧ لمعانٍ] بمعان، ا ب ٨ كان] + يأت، ب د بمقدورات] المقدورات، د || مكوّنات] مكنونات، د ١١ يشبه] تشبه، ا ب ج ١٢ تشبيه] تشتبه، د || ومريد] ومدبر، ا ب ج د || اشتبهت] اشتهت، ا؛ اشبهت، د ١٤ التي] لا، ا ب ج ١٥ والكليات] والمكينات، ج ١٦ مريد] مدبر، ا ب ج د ١٧ تكن[1]] يكن، ج || صفة] الصفة، ا ب || تشبيه] شبيه، د؛ تشتبه، ا || وصفت] وصف، ا ب ج د ١٨ تشتبه] تشبيه، ب؛ يشبه، ا

فافهم سبيل علم الموحّدين في فسخ مطاعن الملحدين بتوفيق الله العليّ العظيم، وصلى الله على محمد رسوله الأمين وخاتم النبيين.

ثم رجع بنا الذكر إلى تفسير المعلوم والمجهول، فوجدنا حكم الإثبات لهما يجمعهما في أنهما لعالم بهما وجاهل لهما، وإثباته فيهما أو أحدهما لا يخلو من أن يكون ذلك منه بإثباته إياه أو بنفي منه له، فإن يكن ذلك بإثبات فقد صحّ الإثبات، وإن يكن بنفي فنفي النفي إثبات. في ذلك صحّة المعلوم وثبوت حقائقه وأنه ما أثبت على ما هو به. والمجهول ما أثبت على غير ما هو به، وليس تثبيته معلوماً أو مجهولاً هو تثبيت لوجوده، وإنما هو تثبيت للعلم به معلوماً والجهل به مجهولاً، ومحال إثبات الشيءِ ونفيه معاً في حال واحد، ولا حقّ ذلك معاً ولا باطل معاً، والحقّ أحدهما والباطل الآخر، وفي فساد أحدهما صحّة الآخر، ذلك ما لا امتناع منه ولا محيد للعقول عنه.

ثم وجدنا العلم ضربين، حساً، وقياساً، لا يدخل ما يعلم به أحدهما فيما يعلم به الآخر منهما، فما علم حساً فالأدوات الحسية فيه بالسواء لا خيار فيه لحاسةٍ، ولا نهي له بالعدول عنه ولا مأمور به، وإنما وقع النهي للمكلّف عن القصد بالحاسّة إلى محسوسه الذي هو فعل الحاسّ له.

والقياس الصحيح ما شهد المحسوس بصحّته، وجاز العقل به والتعبّد به. فالمحسوس هو الشاهد الدليل على توحيد الله وحكمته. والقياس هو الاستدلال على ذلك به، ولما كان ذلك دليلاً كان الاستدلال به سبباً موجباً، وفعل المستدلّ به اكتساباً غير مضطرّ إليه ولا محمول عليه. ولو كان ذلك كذلك لوجب الاستواء فيه من المكلّفين له ولما جاز تحاجّهم وتناظرهم وتداعيهم إلى ما يَختلفون فيه منه بذكر الدلالة والحجة، ولا كان منهم إلى ذلك حاجة، فما لم يكن ذلك في معرفة أنفسهم [احتاجوا] إلى دليل عليها إذ تلك معرفة اضطّرهم الله إليها، وإذا ما تفكّروا في أنواع صنع الله وتدبيره والذي ندبهم إلى التفكّر فيه والاستشهاد به [دلَّهم] على

١ مطاعن] مطاعين، ا ب ج د ٢ محمد] -، ا ج د ٥ يكن[1]] كن، ا ٧ تثبيته] تثنيته، ا
٩ أحدهما[1]] أحدها، ا ب || امتناع] بالامتناع، ا ب ج ١١ ما] بما، ج د || به[2]] -، ا ج د
١٢ فالأدوات] فالادراك، ب د؛ فالأجرام، ا ج || بالعدول] بالأصول، ا ب ج د ١٥ وجاز] وحاز، د || والتعبّد] والتعدر، ا ١٧ المستدلّ] المستبدل، ا ج ١٨ تحاجّهم] نجاحهم، ب
٢١ تفكّروا] تفكرون، ا ب ج د || وتدبيره] قد بين، ج || ندبهم] يدلهم، ا ج د || به] -، ا ج د

معرفته. ولو كانوا لا يصلون بالاستدلالِ إلى العلم بالمدلول عليه لكان لا معنى للدليل والاستدلال به، ولو كان ذلك كذلك لجاز أن يكون لا تأتي الرسل بعلم الصدق والذي يأتون به على مساواة الخلق لهم فيه.

فلما كان الله تبارك وتعالى لا يبعث رسُلاً إلا بمعجزة لم تجر بها العادة، وأعجوبة قاهرة الحجّة ودلالة ظاهرة، وبيان ليس في قوى الخلق أن يأتوا بها ولا أن يساووهم فيها، ولا جرت العادة فيهم بمثلها، صحّ أن أعلامهم دالة على صدقهم، ولا يجوز أن تكون دالّة على ذلك إلا والمكلّفون بعلمه ممكَّنون من الاستدلالِ على صدقهم فيما جاءوا به عن ربّهم.

ومما يؤكّد حجج العقول أن في الطباع الفزعَ إليها وإلى الفكر بها إذا دعتها الدواعي إلى تعرُّفِ أمر غاب عنها أو خطر ببالها، والنظر فيما قد يشتكل عليها، دون الفزع في ذلك إلى سائر حواسّها، كما أن النفس لا تفزع في تعرُّف ضروب المحسوسات [إلا] إلى الحاسّة التي يعرف ذلك بها ومن قبلها.

ولربما غلط الإنسان على عقله فيعتقد أنه قد أدّى إليه ما لم يؤدّه، فلا ينبغي له أن يجعل ذلك الغلط في بعضِ متعرفاته دليلاً على أنه لا يوصل إلى علم به، كما أنه ليس له أن يحكم بذلك على حواسّه في محسوساته عند غلطها في بعضِ ذلك مما قد يوجد منها. وبعد، فليس إلا تثبيت عمل العقل أو إبطاله، فالمبطل مضطر في مطالبة إبطاله إلى تثبيته مكذّباً فيما يدّعيه من ذلك لنفسه إن كان إنما يبطله بحجّة عقلية، ولا سبيل له إلى ادّعاء ذلك بحواسه إذ هو في ذلك مساوٍ لغيره ومخالفه.

ومن الدليل على أن العقل حجّة لله على خلقه حُسن الأمر والنهيِ مع وجوده فيهم، وقُبح ذلك مع عدمه منهم، فإذا أكمل الله عقولهم فلا بدّ أن يعرّفهم كيف يستدلّون وينظرون، فهذا [هو] العلم الذي إليه يضطرّون. وكذلك إذا خطر الاستدلال والمعرفة به بعقولهم وخوّفهم

٢ تأتي] ياتي، ب ٣ على] عن، ا ٤ الحجّة] -، ج ٥ في] فيه، د ٦ تكون] يكون، ا ب والمكلّفون] المكفول، ب ٧ بعلمه] لعلمه، ا ب ج || به] -، ا ج د. ٨ الطباع...إليها] طباع الواع بها، ا ٩ يشتكل] شتكل، ب؛ أشتكل، د || الفزع] الفرع، ا ج ١٠ تفزع] لفرع، ب ١٢ يؤدّه] تؤده، ا ب ١٣ متعرفاته] معترفاته، ا ب ج د || به] -، ا ج د ١٥ تثبيت] تثبت، ا ج || أو إبطاله] وإبطاله، ا ب ج ١٧ ومخالفه] ومخالفيه، ا ب ج ١٨ الدليل] دليل، ا || لله] الله، ا ب

بفزع الخاطر لهم الوقوعَ في المهالك بترك النظرِ منهم فلا بدّ أن يعرّفهم بأن عليهم أن يَحتاطوا لأنفسهم وأن ينظروا فيما خوّفوا منه، لئلا يقعوا فيه فيُهلكوا أنفسهم بالجهالة له. وكل علم يحدث فيهم قبل الاستدلال به منهم فهم مضطرّون إليه، ومنقطع عذرهم في الاستدلالِ به.

وأيضاً، فلا بدّ من تكليف المعرفة كلَّ بالغ من جهة العقل، وإن لم يكن من أهل السمع، لأن ذلك مما يُستدلّ [عليه] بمشاهدة الأدلّة، ولا يجوز إباحة تركه واكتساب الجهل بدلاً منه إذا كان ممكناً لهُ و[هو] غير عاجز عنه. ولو كان غير مكلَّفٍ ذلك إلا بعد أن يقرع سمعه الأمر له به لكان لا سبيل له به إلى ذلك إلا بعد أن يعلم صدق المخبر له وأنه أتى من عند الله، وأن الله لا يبعث إلا صادقاً، وهو إنما يعلم صدق المخبر له بعد أن يعرف الله بأدلَّته ويعلم أنه حكيم لا يبعث بعلم الغيب في الصدق كاذباً تبارك وتعالى هو الحكيم العليم.

وبعد ذلك، فإنا وجدنا القياس ضروباً في مخارجه إلى علم المقاس به، فما كان منه بحجّة عقلية، ودلالة غريزية، دون سماع خبر عنه وعبارة له فهو نحو معرفة الله، [و]ما كان [له] من الفعل بإنشائه للعالم بما فيه، وتعاليه عن شبه معانيه، وأن له الأسماء الْحسنى ومعانيها، وأنه لا تناف بها ولا اختلاف له فيها، وأنه البريء مما ينافيها، ونحو صدق الرسل في إتيانها مع مشاهدة أعلامها. فأما من لم يشاهد ذلك منها فسبيل علمه بها عبارة ذلك له عنها. وأما العلم بالرسلِ في أنها [صادقة] فالحجّة ظاهرة به، فلا قياس فيهِ في أنها رسل الله بأعلام صدقها، وأما ما عبّره عنها مما جاءت به كتب ربّها فقيام حجّته على أهل اللغة وانقطاع عذرهم به في آيه وصدقه سماعه فبرفع نظمه للناس من كلام البشرية، وذلك العلم المبين لصدق من جاء به.

١ بفزع] لفزع، ب؛ لفرع، د || الخاطر] الحاطر، د ٢ وأن ينظروا] وينظروا، ب، أو أن ينظروا، ج || فيه] فيها، ج د ٣ فيهم] فيه، ا ب ج || ومنقطع] نقطع، ب ج || منهم...به[2]] - ا ٤ تكليف] التكليف، ا ج || المعرفة] لمعرفة، ا؛ بالمعرفة، ج د ٦ غير[1]] غيره، ا || يقرع] يفرغ، ا؛ نفرع، ب؛ يفرع، ج ٧ يعلم] يعلمه، ا ٨ يعلم] نعلم، ا ب || أنه] ان الله، د ٩ في] -، ا ج د هو] وهو، ا ب ١١ غريزية] غرزية، ا ج || خبر] خير، ا ١٢ بإنشائه] بانسايه، ب د؛ تشابه، ا ج || وأن له] أدلة، ج د؛ من أن له، ا ب ١٣ بها] لها، ب ج || ولا] إلى، ا ب ج د ١٦ عبّره] غيره، ا ١٧ فبرفع] فيدفع، ا ب ج د || المبين] البين، ا ج || لصدق] الصدق، ا؛ -، د || من[2]] لمن، د

باب القول في أحكام القرآن

فإن الله [سبحانه] وبحمده أنزل على محمد صلى الله عليه وسلم كتاباً مبيناً وعلى الكتب كلّها أميناً مهيمناً، وناسخاً لِما ليس فيه دلالة عليه منها، فليس لطاعن في بيان تنزيله، ومحكم تفصيله، [عذر] بتنازع الناس لتأويله وتصرّف آيه واحتماله للمجاز [للذهاب] إلى كلّ ما ذهب إليه فريقٌ منهم به، وبأنه لم يفهمه كما يفهم الجليس عن جليسه بموجب تعقيده وسوء دلالته واستبهام معانيه على من أنعم النظر فيه. ولو كان ذلك كذلك لوجب ذلك فيما دلَّهم الله به على نفسه في آثار صنيعه من جهة عقولهم لكثرة اختلافهم فيه ودقّة معاني تنازعهم له، ولوجب ذلك أيضاً فيما اختُلف فيه من تأويل الرواية والأخبار عن الرسل والصحابة، ولجاز أيضاً أن يقضي على لغة العرب لذلك من ليست له بلغة وأنها لا بيان فيها و[لا] دلالة بها، ولجاز ذلك أيضاً على كلّ لغة. ولو كان ذلك كذلك لسقطت المحنة وارتفع التفاضل في الحكمة ولذهب لذة الظفر والتكليف والأمر والنهي. لكن الكتاب بالغ الحجّة في بيانه، وإن محصول أقسامه من جملة تأليفه ونظامه أنه أوامر وزواجر، وإخبار عن مخبرات، ودلالة على أسماء الله وصفاته، ونواسخ ومنسوخات، وأسماء وأحكام، وخاص وعام.

فأما الأخبار فثابتة بهيآتها والنسخ لها غير جائز عليها، لأن الحكيم لا يخبر إلا وهو عالم بما أخبر عنه وعلى ما المخبر به منه، فمخبرات الله صحيحة، وأخباره صادقة فصيحة، ولذلك استحال البداء، وإن مع علمِ العواقب كان الوعد والوعيد واجباً من الله كذلك. والمحكم ما اجتمع أهل العلم على تأويله، والعلم [ثابت] بمنصوصه وانقطع العذر في العمل به. والمتشابه ما اختُلف في معانيه، ويُتورّع [من] إثبات الخصوص فيه. والناسخ ما قام في المأمور به حجته

٢ فإن] وإن، ا ب ج د || وبحمده] ونحمده، ا ب ج د **٣** مهيمناً] ومهيمنا، د **٤** وتصرّف] ويصرف، ب ج || واحتماله] واحتمل، ا ب ج د || للمجاز] المجاز، ج **٥** تعقيده] ذلك بعقده، ا ب ج د **٦** على] إلى، ا ب || أنعم] أهم، ا؛ أبهم، ب ج **٨** اختُلف] احلف، ا **٩** على] + أن، ا ب ج **١٢** وصفاته] وصفات، ب ج **١٤** بهيآتها] نهايتها، ا ب || لها] بها، ا د **١٥** ما] + في، ب || فمخبرات] كمخبرات، ا ب ج د || ولذلك] وكذلك، ا ب ج د **١٦** البداء] اليد، ا؛ البدو، ب؛ اليه، ج د **١٧** العلم] العواقب، ا || ما] مما، ا ج **١٨** ويُتورّع] ويتوزع، ج || المأمور] الموجودات، ا؛ الموجود، ب ج د || به حجته] حجته به، ا ب ج د

والمنهي عنه كقيامٍ حجة منسوخه قبل نسخه، لأن الحكيم من صفته [أنه] لا يلزم أمره إلا بحجّة يُقطع بها عذر المأمور، ولا حجّة على الله لخلقه.

وإذا وقع الخطاب بالأمر من الكتاب للسامعين العقلاء البالغين بنظمه الذي بان من سائر الكلامِ به لزمهم ما وقعت به اللغة من الأسماء على مسمّياتها لهم، وعند ذلك ما هم معذورون في العلم به واعتقادِ معانيه والعمل بما فيه. فذلك وإن لم يعقلوا معنى الخطاب به.

وبعد ذلك فإن عموم الآي وخصوصه داخل في جملة متأوَله ومنصوصه، والمنصوص ما لا تنازُع فيه ولا اختلاف في معانيه، وأما المتأول منه ففيه محنة النظر، وعدل ذلك إن شاء الله أن كلّ مسموعٍ وحيهُ فيه وله فرض عن الكتاب والرسول أنه ثابت إلى علمِ نسخه، [فسامعه] عالم بوحيه إلا ما ذكرنا في باب النسخ. وبعد، فإنه لا يجب أن يدخل في حكم الآي وعمومه بالخبر ما ليس منه ولا فيه لما يَجب التصريح منه به، ولو كان ذلك كذلك لكان لا عمل إلا بالخبر ولا نظر إلا فيه ولا مرجع في الحجة إلا إليه دون الكتاب المبين. وما يسميه عموم القرآن الحكيم، لأنه عام من جهة، ولامخصوص من أُخرى بفعل أو استثناء في السمع بالآي، محمول سبيله على ما أوجبه الله في عموم قوله، شامل بالاسم لكلّ ما وقع عليه تأويلهُ، إلا أن تخصّه العقول أو الرسول صلى الله عليه وسلم أو إجماع الأمة فيه على أحد معانيه. وليس ما أخرجه ذلك منه [لما] يخصّه في بعض ما وقع عليه بمسقط لعمومه، فلا نستثني شيئاً مما وقع عليه إلا بمثل الذي أخرجناه [به] منه، ولو جاز ذلك لما بلغنا علم شيء به دون ما أخرجناه منه، لما ذكرنا من دخول الخصوص في العموم لأحد معاني ما وقع عليه وجمع الاسم له في ذلك.

١ يلزم] تلزم، ج ٤ معذورون] محدودون، ا ٦ فإن] + في، ا || وخصوصه] خصيصة، ا ج د داخل ... جملة] لاجل في حمله، ا ٨ عن] من غير، ج ٩ بوحيه] حيه، ج د || يجب] يحب، ا ب ١٠ ما] بما، ا ب ج د || لما] كما، ا ب ج د ١١ بالخبر] بالخير، ا ب د || يسميه] تسميه، د ١٢ استثناء] مستثنى، ا ب؛ استني، د ١٣ محمول] محملا، ا؛ مجملا، ب ج || عليه] + في، د ١٤ ما] -، ا ج ١٥ فلا] + ان، ب ج د || نستثني] يثبت، ا ب د؛ نثبت، ج ١٦ أخرجناه[1]] اخرجاه، ج د || أخرجناه[2]] + به، ا ب ١٧ من] + دون، ا || لأحد] بعض، ا؛ + بعض، ب ج د || وجمع] وجمعه، ا ب ج د || في[2]] من، ا ب ج د

[فلو جاز أنه] قال: من فعل، وهو يعني بعض من فعل لجاز للسامع أن لا يدري بذلك القول من الكتاب شيئاً حتى لا يبقى وعد ولا إشارة ولا وعيد على شريطة إلا ظنّ ذلك في بعض أهل الشريطة، بل لو قيل لمن ادّعى ذلك: هل لك خبر بإيجاب وعيد على فعل، أو أخبر الله به؟ لصحّ لديه العلم على سبيل ما أضلّت أخباره من إجازة المخصوص عليها من غير توقيف على الفاعل بعينه أنه المعنيّ بالخبر دون غيره، فما عيّن عليه ولا أتى [دليلا] به.

ففرض الله بالكتاب تمام الحجّة على من أوجبه [عليه]، فلا عذر بالجهل فيه والتجاهل له بعد كمال الدين وحجّة النبيّين. فافهم، أصلحك الله، فرقان ما [بين ما] ذكرنا من الخصّ والنسّخ، وبين ما ذكرنا [أن] إثباته كان فرضاً، ثم لا ندري أثابت على ما كان به أم نسخه [ناسخ] عن المفروض [الذي] كان عليه منه وبين ما وصفنا أنه ثابت إلى علم نسخه. وافهم أيضاً فصل ما بين المبهمات من الآي المخلَى سبيلها على ما وقعت عليه [مما] لا يجب [أن] يخصّ بعضها عن بعضٍ وبين الذي يقع خصّ بعضها عن بعض، وأيضاً ما يقع بخصوصه مجاز اللغة مما لا سبيل للمجاز عليه لتخصيص السنة له، وأيضاً ما يقع على الاسم المنفرد دون الصلة وما يقع بالصلة دون المنفرد وما يخرج تأويله من الآي بالاجتهاد عليه فيه للاستنباط له. فإن بفهمك ذلك زوال الشبهة عنك في المشكل في أحكام القرآن عليك إن شاء الله، والتوفيق بالله والعصمة من الله أرحم الراحمين. وإنه لا نسخ ولا خص فيما وصف الله، إنه على كلّ شيء قدير وبكل شيء عليم.

ثم اعلم أن النسخ قد يقع للكلّ أو البعض لا للكلّ، وقد يقع الخصّ من جهة العقل، والنسخ لا يقع إلا من جهة السمع ولا يقع في الخبر كوقوع الخصّ فيه لما [لا] يتعلّق بالخبر الأمر والنهي بتجويز النسخ فيهما. فمن وقف في وعيد أحدٍ بعينه، أو في فعل أو ترك مما يجوز نسخه [لتجويز] أنه كان نسخاً فغير داخل في جملة [أهل] الوعيد صاحبه، لا في الخبر لما عنى به،

١ فلو...أنه] فالى، ج ٢ الكتاب] الكاب، ج ٣ خبر] خير، ا ب د || بإيجاب] إيجاب، ا ب ج د ٥ فما] متى، ا ب ج د ٧ النبيّين] التبيين، ا ج د ٨ ندري] يدريه، ا؛ ندريه، ب د ١٠ ما بين] المبين، ا ١١ بعض] بعضها، ا || وأيضاً] -، ا ج د || بخصوصه] لخصوص، ا ١٢ ما] لم، ا. ١٤ عليك...الله] فعليك برضاء الله، ا ب ج د ١٦ شيء[1] سى، ب ١٧ أو البعض] والبعض، ا ب ج د ١٩ وقف] وقع، ا د || أو في] وفي، ا ب ج د

ساغ ذلك له إن شاء الله إلى تثبيته. وقوله ﴿وَمَنْ يَقْتُلْ مُؤْمِناً مُتَعَمِّداً فَجَزَاؤُهُ جَهَنَّمُ﴾ ، فكان وقوفه في وعيده [بـ]ـتجويز النسخ للنهي في قاتل وليه التائب إليه من قتله، لا في الخبر بالجزاء بتجويز النسخ له، ذلك ما لم تقم الحجّة عليه في المثبت منه، وعند ذلك لا وقوف له.

ولا وقوف فيما نقل تأويله لنقل تنزيله، كوعيد المشركين ونحوه، لأن الشاكّ في ذلك غير لاجيء إلى شبهة، و[هو] مساوٍ في اللغة القاطعة لعذر الشاكّ في رسول الله صلى الله عليه وسلم، وفي أن لم تنقل الأمة القرآن كلّه. فأما ما يسمع [من] تلاوة الوعيد عن رسول الله صلى الله عليه وسلم [و]ذلك [ثابت] له أنه كذلك كما سمعه أو نقلته الأمّة إليه كنقل تنزيله، فحكمه سواء في الوقوف، وعلى سامع ذلك إثباته كما سمعه لما عنى به، وهذا بعد قيام الحجّة عليه في أن الله قد نسخ أمراً من أمره في كتابه، وليس لعلّة الاختلاف في وعيد أهل الصلاةِ مما لم يخرج الرادّ له والشاكّ فيه من حكم الرادّ لتنزيله، لأنه لم يردّه تنزيلاً وإنما ردّه تأويلاً ودليلاً، وإن كان التنزيل هو الدليل على الوعيد كذلك حكم الرادّ معنى لوعيد أهل الصلاة في ما جاء فيه الوعيد لهم ما لم يفسّره رسول الله صلى الله عليه وسلم لسامعيه أو نقلته الأمة إليه كنقلها لتنزيله، وهذا ما يقع تفسيره في بابِ ما يسع جهله، لعلّنا أن نتحرّى [ذلك] بعد الفراغ [من] ذكره إن شاء الله.

باب في الأسماء والأحكام

إن الأسماء ثلاثة أقسام، فمنها أوضاع من اللغة على مسمّيات بها، ومنها أسماء مشتقّة من أفعال لفاعليها، ومنها أسماء من الكتاب سمى الله بها على أفعال ليس في اللغة ذلك لها، نحو ما سمي به الجاحد لرسول الله صلى الله عليه وسلم، والشاكّ في جنته أن تبيد أبداً، وأن الساعة قائمة، كافراً مع ما حكى من قوله ﴿لَئِن رُدِدْتُ إِلَى رَبِّي لَأَجِدَنَّ خَيْراً مِنْهَا مُنقَلَبًا﴾.

١ ساغ] شاع، ب || إلى] -، ا ب د ٢ قتله] قبله، ا ب || في الخبر] بالحبر، ج ٣ وعند] لا وعيد، ب ج د ٤ نقل] تقل، ا ٧ كما] -، ا ب د ١٠ الرادّ له] الادلة، ا || الرادّ[2]] اراد، ا ١١ الرادّ] اراد، ا ١٤ ذكره] الدفاع، ج ١٩ كافراً] كفر، ا ب ج د

١ ومَنْ...جَهَنَّمُ] ٤ النساء ٩٣ ١٩ لَئِن...مُنقَلَبًا] ١٨ الكهف ٣٦

فأما الأسماء التي هي أوضاع من اللغة لا على قياس فيها فإنما هي لأغراض معانيها. وأما ما اشتُقّ من أفعالهم ووضعتها اللغة عليهم فإنها أسماء يفرَّق بها بين أجناس أفعالهم. فتلك أسماء على قسمين، منها إذا وجب لفعل وجب لما هو من جنسه ولم يجب لخلاف جنسه وإن كان في الكفر مثله أو أكبر منه، فالفرق بين أجناس الأفعال بهذه الأسماء التي في السرق أو الزنا ونحوه. والضرب الآخر أسماء تبين وتوضع على مبلغ المعاصي وكبائرها، فإذا وجب الاسم منها وجب لما كان مثلها في الكبر أو أكثر منها، وكذلك إذا وجب للعاصي فهو لكلّ عاصٍ بمعصية في العظمِ مثلها أو أعظم منها واجب، وإن اختلفت أجناس المعاصي وأحكام أجناسها. ولا يوجب الاستواء في عظم الذنوب استواء الجنس منها والحكم فيها، فتتّفق الأسماء في الجنس باتّفاقها في العظم الذي هو الكفر والفسق ونحوه.

ثم الحكم على ضربين، أحدهما على علم بما ينفرد الفعل به، والآخر على الاسم من جهة السمع له، وقد يدخل كلّ واحد منهما في بعض ما يدخل الأخر منهما. ثم ما كان من الأحكام على ضربين، أحدهما يجب بعموم الخبر عند لزوم الاسمِ، فذلك حكم لوجوب الاسم يجب، ولا يزول أحدهما إلا بزوال الآخر منهما ما لم ينسخ بعد نزول الآي فيصح النسخ له بحجة من الإجماع، أو يكون في الخبر ما يبيّن خصوصه. فأما ما لم يجب ذلك فيه من جهة العقل أو سمع له وكانت الآية فيه عامة المخرج كالذي جاء في المشركين الذين وجب عليهم الحكم بوجوب الاسم، فلا يجوز أن يسقط عن أحد منهم هذا الحكم من غير جهة النسخ له أو الاستثناء إلا والاسم عنه ساقط.

١ فإنما] وإنما، ا ب ج د || لأغراض] لاغرا ص، ا؛ لا غرام، ب ج د ٢ اشتُقّ] استبق، ج ٣ وإن] فان، ا ب ج ٤ أكبر] اكر، ب || بين] من، ج || السرق] السرقة، ا ب ج ٥ أسماء] قسمان، ا ب ج د ٦ فهو] وهو، ا ب ج د ٧ اختلفت] اخلفت، ا ٨ فتتّفق] فيفق، ا ١١ منهما[1]] منها، ا د || منهما[2]] منها، ا ب ج د || الأحكام] الأسماء، ا ب ج د ١٣ بحجة] بحجته، ا ب ج د ١٤ أو يكون] ويكون، ب || يجب] يوجب، ا ب ج د || سمع] السمع، ا ١٦ فلا] ولا، ا ب ج د ١٧ والاسم] او الاسم، ج د || عنه] -، ج

والضرب الآخر من الحكم لم يجب لوجوب الاسم إذ لم يكن الخبر فيه عام المخرج، كعموم المشركين بقوله ﴿اقْتُلُواْ الْمُشْرِكِينَ حَيْثُ وَجَدتُّمُوهُمْ﴾ وقوله ﴿قَاتِلُواْ الَّذِينَ لاَ يُؤْمِنُونَ بِاللّهِ وَلاَ بِالْيَوْمِ الآخِرِ﴾ [أي] إلى دخولهم في الإسلام أو العهد فيها، والخبر الذي أوجبنا الحكم به لوجوب الاسم الذي هو الشرك. فأما ما لم يجب لوجوب الاسم كإيجاب الله الجلد على القاذف مع التسمية بالفسق له، ولم يُدخل الله الفساق في الأمر بالجلد لهم كما أدخل المشركين في الأمر بقتلهم، فلما لم يوجب الجلد على الفساق كإيجابه القتل على المشركين أو أن يكونوا ذمة وجب اسم الفسق لمن لم يجب عليه حكم الجلد، ولو عم الفساق بذكر الجلد كعموم الكفار بذكر القتل لوجب الجلد على كلّ من وجب عليه اسم الفسق ما لم يخصّ أو ينسخ كما قلنا في المشركين. فافهم فرق ما بين الاسمين والحكمين، فكلّ حكم ساوى ما وجب به الجلد في العظم أو أعظم منه أوجب لفاعله اسم الفسق، وكذلك قال أهل العلم: ما أشبه الكبير فكبير. وهذا سبيل الأسماء والأحكام، وفي العلم بهذا السبيل، والاتفاق له، ما به النفع العظيم في الدين والعلم بمنازل المحدثين إن شاء الله.

وبأفعال الناس تثبت منازلهم، وعلى ما يثبت من المنازل تجب الأسماء لهم وبها تجري الأحكام عليهم، و﴿إِنِ الْحُكْمُ إِلاَّ لِلّهِ يَقْضِي الْحَقَّ وَهُوَ خَيْرُ الْفَاصِلِينَ﴾. فكل مَن وجب له بإجماع المسلمين اسم أو حُكم، ثم أحدث حدثاً، لم يزل عنه ذلك الاسم والحكم إلى غيره من الأسماء والأحكام إلا بإجماع من المسلمين له على ذلك، أو قياس على نظير لذلك الحدث حكمه في كتاب الله وسنة رسول الله صلى الله عليه وسلم ذلك الحكم. فبكتاب الله وسنة رسوله وإجماع المسلمين تثبت الأسماء وتجري الأحكام، ولا قوة إلا بالله.

١ كعموم] بعموم، ا؛ لعموم، ب ج د **٢** بقوله] لقوله، ا ب ج د **٣** أو العهد] والعهد، ا **٤** الجلد] -، ا **٦** كإيجابه] كإيجاب، ا ب ج د || أو أن] وان، ا ب ج د **٧** لم] لا، ب ج د كعموم] بعموم، ا ب **٩** ساوى] تساوى، ج **١٠** أوجب] لوجب، د؛ وجب، ا ب ج || قال] -، ا **١١** فكبير] فالكبير، ا ب ج د || بهذا] لهذا، ا ب ج د **١٣** يثبت] ثبتت، ب || لهم] له، ا ب ج د **١٦** نظير] نظيره، ج || الحدث] المحدث، ا **١٧** فبكتاب] وكتاب، ج

٢ اقْتُلُواْ...وَجَدتُّمُوهُمْ] ٩ التوبة ٥ || قَاتِلُواْ...٣ الآخِرِ] ٩ التوبة ٢٩ **١٤** وإنِ...الْفَاصِلِينَ] ٦ الأنعام ٧٥

بابُ السُنَّة

والقول في السنة عن رسول الله صلى الله عليه وسلم أنها ضربان، فريضة وفضيلة. فالفرض لازم فعله ويخرج من الإيمان تاركه، والنفل فغير مؤثَّم تركه ولا لازم فعله. فما فرض فعله ففرض الأمر به، وواجب النهي عن تركه بعد قيام الحجة، [و]على تاركه الإعادة ما لم يكن متديناً به، وغير واسع جهله له في حال أدائه أنه فرض لله عليه، ولا [جهل] وقته الذي لا يتمّ الفرض فيما دونه، ولا خطأ مخطئه فيه. وما كان نفلاً ففضل فعله والأمر به والنهي عن تركه.

وإن أداء الفرائض منها قسمان، أحدهما [واجب] على كلّ [مكلّف] في خاصّ نفسه. والآخر إذا قامت به طوائف من الأمّة أجزأ عمن لم يقم به. فالعامّ لكلّ مكلّف لخاصّة نفسه بعد توحيد الله بأحسن الأسماء له، ونفي ما ينافيها في العقول عنه، وإثبات محمد صلى الله عليه وسلم رسول الله إلى المكلّفين من عباده، وأن حقًّا ما جاءهم عنه به مجملاً إيماناً بتفسيره على ما هو به عند الله وعند رسوله، على وجهين، أحدهما تفسير لجملة فرض القرآن مما لا يعرف تأويله بلفظ تنزيله، ولا يصل أحد إلى علمه بدون الترجمة له والتوقيف عليه، مثل قوله ﴿أَقِيمُوا الصَّلاَةَ﴾، و﴿وَآتُواْ الزَّكَاةَ﴾ و﴿أَتِمُّوا الْحَجَّ وَالْعُمْرَةَ لله﴾ و﴿جَاهِدُوا فِي سَبِيلِ اللهِ﴾. والوجه الآخر من فرائض السنن ما زاد الله به أهل الإسلام فروضاً وأحكاماً على لسان محمد صلى الله عليه وسلم نحو رجم الزناة المحصنين، وفي حدّ القاذف المحصنين من المؤمنين. وقد قيل أيضاً بوجه ثالث: إن من سنة رسول الله صلى الله عليه وسلم ما هو لأحكام القرآن

٢ والقول] فالقول، ا ب ج **٣** والنفل] والفضل، ا ب ج د || فغير] فعله، ا **٤** قيام] قام، ا وعلى] الى، ا || تاركه] + الا، ا **٥** به] -، ا ج د || أدائه] ادايه، ا || الذي] التي، ا ب د **٦** مخطئه] مخطيه، ا || نفلاً] فضلا، ا ب ج د **٧** وإن] -، ا || أداء] -، ج د || منها] فيها، ا د **٩** ما] -، ب || وإثبات] وثبات، ا **١١** فرض] -، ا ج د. **١٢** والتوقيف] التوقف، ا ب

١٣ أَقِيمُوا الصَّلاَةَ] ٢ البقرة ٤٣ وغيرها || ووَآتُواْ الزَّكَاةَ] ٢ البقرة ٤٣ وغيرها || وأَتِمُّوا ...للهِ] ٢ البقرة ١٩٢ || وجَاهِدُوا ...اللهِ] ٢ البقرة ٢١٨ وغيرها **١٥** نحو ...المحصنين[1] حديث الرجم: رواه الربيع بن حبيب، الجامع الصحيح، كتاب الرجم والحدود، ر٦٠٧؛ والبخاري، صحيح، كتاب الجنائز، ٦٠؛ مسلم، صحيح، كتاب الحدود/٢٦، ٢٧؛ مالك، الموطأ، الحدود/١؛ وأحمد بن حنبل، المسند، ح٢/٥، ٧

ناسخ، نحو قوله: «لا وصيّة لوارث» بعد نطق الكتاب بها للوالدين والأقربين، وما سنه فيمن أسلم من نساءِ المشركين أنهن لا عوض لمن حلّ [منهن] للمسلمين، بعد قوله ﴿فَآتُوا الذِينَ ذَهَبَتْ أَزوَاجُهُم مِثلَ مَا أنفَقُوا﴾، وما أخرج بسنته مما شملته الآي بعموم قول الله تعالى ﴿لِلذَّكَرِ مِثْلُ حَظِّ الأُنثيَيْنِ﴾ بقوله: «لا توارث بين ملّتين»، و«يحرم من الرضاع ما يَحرم من النسب»، و«[لا تُجمع] المرأة على عمّتها وخالتِها»، بعد قوله [تعالى] ﴿وَأُحِلَّ لَكُم مَّا وَرَاءَ ذَلِكُمْ﴾.

وأما ما يجزئ قيام البعض به عن الكلّ لحفظ الشريعة ونقلها والإبانة عنها، ومن الأعمال الجهاد والجُمع والأعياد والأذان والجماعات في المساجد للصلوات، وأيضاً غسل الموتى وتكفينهم والصلاة عليهم ودفنهم.

فأما سنن النفل فمنها ركعتا الفجر بعد الظهر وبعد المغرب وركوع الضحى، وأربع قبل العصر، وبعض ذلك أوكد من بعض. ثم الخصال العشر التي خمس منها في الرأس، وخمس

١ وما] أما، ا ٢ أسلم] سلم، ا ٣ وما] مع ما، ا ب ج د || بسنته] من سنته، ا || مما شملته] ما شملته، ا؛ ما تشمله، ب د || بعموم] لعموم، ب د ٤ بين] من، ب ٧ يجزئ] يجري، ا ب والإبانة] والإنابة، ا ب ج د || ومن] من، ا ب ج ١٠ ركعتا] ركعتان، ج ١١ أوكد] أوكذلك، ص

١ لا ...لوارث] الحديث رواه الربيع بن حبيب، الجامع الصحيح، باب المواريث، ر٦٦٧؛ الدارمي، السنن، كتاب الفرائض، ٥٣ ٢ فآتُوا...٣ أنفقُوا] ٦٠ الممتحنة ١١ ٤ لِلذَّكَرِ...الأُنثيَيْنِ] ٤ النساء ١١ || ويحرم...٥ النسب] رواه الربيع بن حبيب، الجامع الصحيح، كتاب النكاح، ر٥٢٤؛ والبخاري، الصحيح، كتاب الشهادات، ٧، باب النكاح/٢٠؛ مسلم، صحيح، كتاب الرضاع، ١٣/٩. وأبو داود، السنن، كتاب النكاح، ٢٠؛ والنسائي، السنن، كتاب النكاح، ٢٠؛ ابن ماجة، السنن، كتاب النكاح، ٣٤؛ وأحمد بن حنبل، المسند، ح١٣٢/١، ٢٧٥، ٣٣٩. ٥ ولا... وخالتِها] رواه الربيع بن حبيب، الجامع الصحيح، كتاب النكاح، ر٥١٧؛ والبخاري، الصحيح، كتاب النكاح/ ٢٢٧؛ مسلم، الصحيح، كتاب النكاح/ ٣٣ - ٣٤؛ مالك، الموطأ، كتاب النكاح/٢٠؛ أبو داود، السنن، كتاب النكاح/١٢ || وَأُحِلَّ...٦ ذَلِكُمْ] ٤ النساء ٢٤ ١١ الخصال العشر] الخصال العشر ما جاء من طريق عائشة عن النبي عليه السلام: «مِن خِصَال الفطرة: قَصُّ الشاربِ، وإعفاء اللحية، والسواك، والمضمضة، والاستنشاق، وقصُّ الأظفار، وغَسل البراجِم، ونَتف الإبط، وحلقُ

منها في الجسد، ومنها ما هو من فرائض السنن نحو الاستنجاء من البول والغائط والختان أيضاً. فأما الوتر فإنه قد بلغني عن رسول الله صلى الله عليه وسلم عملاً مواظباً وأمراً مؤكّداً منه به، ولقد روي عنه صلى الله عليه وسلم أنه قال: «إن الله قد زادكم في هذه الليلة صلاةً خيراً لكم من حمر النعم، ألا وهي الوتر ما بين العشاء الآخر والفجر».

ومن جهة هذه السنن ما الأمة مخيّرون [فيه] بين أقصاه وأدناه، ولا عذر في فعله بالخروج عن جميعه، نحو الجهر ببسم الله الرحمن الرحيم في الصلاة، وعدد الوتر، وتِلاوة سورة من القرآن مثنى بعد فاتحة الكتاب، ورفع اليدين عند الاستفتاح لها، وما في التشهّد والتوجيه والتكبير والتسبيح والتسليم والإقامة والأذان وتكبير التشريق والجنائز والأعياد. وما في ذلك من الزيادة والنقصان فإن اختار كلّ فريق منهم نوعاً ففي غير تَخطئة ولا تضليل لمخالفه فيه.

وبعد هذا، فإن هذه السنن نُقلت عن رسول الله صلى الله عليه وسلم على وجهين، أحدهما الأمر نصًّا للعمل، والتوقيف منه لأمته على تفسير الجمل، والوجه الآخر ما وجده أهل عصره فاعلاً له غير تاركه في طول العمر وعلى وجه الدهر، في الليل والنهار في السفر والحضر، ويكون يعلمهم عاملين به فلا يمنعهم منه ولا يزجرهم عنه.

ومن ذلك ما هو فريضة وفضيلة، فأما الفرض منه فقد انقطع العذر فيه وقامت الحجة بنقل الأمة له غير محتمل الافتعال له ولا الغلط فيه، فأما ما أخذ عنه عملاً فنحو الاستنجاء والطهارة من النوم مضطجعاً، فذلك نقلته الأمة. وأما الاستنشاق والمضمضة فإنه بلغني عن

٢ فأما] واما، ا || قد] -، ج د **٣** به] -، ا د **٥** ومن] من، ا ب || ما] -، ج **٦** ببسم] باسم، ب **٧** وما] وأما، ا ج د **٩** من...والنقصان] ازدياد ونقصان، ا || فإن] وإن، ا ب ج د **١٠** هذه] -، ا ب ج || عن] من، ا **١١** نصًّا] اي صى، ا || لأمته] لا، ا؛ لامنه، ب ج د **١٢** طول] طوال، ا ب **١٣** عاملين] عالمين، ا ج **١٥** الافتعال] الافعال، ب || ولا] -، ا ج د **١٦** الأمة] -، ا ج د || وأما] -، ا ج د

العانة، والختان، وانتقاصُ الماء»، رواه مسلم، كتاب (٢) الطهارة، باب (١٦) خصال الفطرة، ر٢٦١، ٢٢٣/١. وأبو داود، كتاب الطهارة، باب السواك من الفطرة، ر٥٣، ١٤/١

٣ إن...٤ والفجر] رواه الربيع بن حبيب، الجامع، كتاب الصلاة ووجوبها، ر١٩٢؛ والبخاري، صحيح، كتاب الجمعة، ٢٩، باب الجهاد/١٠٢، ١٤٣؛ مسلم، صحيح، كتاب فضائل القرآن، ٣٢، ٣٤؛ مالك، الموطأ، كتاب السفر، ٤٣؛ أحمد بن حنبل، المسند،ح٣٨/١، ٥٤، ٣٦٣

رسول الله صلى الله عليه وسلم فعلاً منه، وقد روي عنه صلى الله عليه وسلم أنه قال لرجل: «إذا استنشقت فأبلغ إلا أن تكون صائماً»، فذلك في الوضوء مؤكّداً، وفي الغسل من الجنابة. ولو لم يكن فعلته الأمة في الشريعة بعلمه عليه السلام واجبَ سنته لزجرهم عنه، كالذي فعل في وصال الصيام حين فعلوا من ذلك كفعله فنهاهم عنه وأعلمهم أنه خاصّ، وكما أبان في الطهارة الواحدة الثلاث أنها محسّنة، وأنها بعد الواحدة من فضائل سنّته صلى الله عليه وسلم، والمضاربة مما علمه من فعلهم في الجاهلية وفي الإسلام، فلم يزجرهم عنها كما زجرهم عن بيوع كانت في الجاهلية لهم نحو الملامسة والمنابذة وحبل الحبلة. فتفهّموا ذلك بعلله حجة على من زعم أن لا حجة فيما لم يوقّف الرسول عليه السلام [عليه] وأنكر سنن العمل وعذر بتركها، وزعم أن لا شيء على من أضاعها. وبعد هذا سنذكر بعد الفراغ ما يسر الله ذكره من هذه السنن مفسّراً مجمله في مواضعها بعد ما ذكرناه من جملِها إن شاء الله والتوفيق بالله.

٢ مؤكّداً] موكد، ا ب د ٤ كفعله] -، ا ج د ٦ مما] ما، ا ب ج د ٧ عن] في، ا ٨ عليه السلام] صلى الله عليه وسلم، ب ٩ الفراغ] الفراع، ج || يسر] يسره، ا ١٠ ذكره] بذكره، ب || هذه] -، ا ج د || مفسّراً مجمله] مفسرة ومجملة، ج د؛ مفسرة مجملة، ا ب

٢ إذا ...صائماً] رواه الربيع بن حبيب، الجامع الصحيح، باب آداب الوضوء وفرضه، ٩٣؛ البخاري، الصحيح، كتاب الوضوء، ٢٦؛ النسائي، السنن، كتاب الطهارة، ٦٩؛ أحمد بن حنبل، مسند، ج٢/٢٤٢ ٤ كالذي ...خاصّ] حديث الوصال رواه البخاري، الصحيح، باب الوصال، ر١٨٦٣...، ٢/٦٩٣. ومسلم، الصحيح، باب النهي عن الوصال في الصوم، ر١١٠٢-١١٠٣، ٢/٧٧٤ || وكما...٦ وسلم] رواه الربيع بن حبيب، الجامع الصحيح، باب آداب الوضوء وفرضه ر٨٩؛ وأحمد بن حنبل، مسند، ج89/2 ٦ فلم ...٧ الحبلة] أحاديث هذا الباب رواها الربيع بن حبيب، الجامع الصحيح، باب ما ينهى عنه في البيوع ر٥٥٧؛ أحمد بن حنبل، المسند، ج٢/ ٣٦٩، ٤١٩؛ البخاري، الصحيح، كتاب البيوع، ٦٢؛ مسلم، الصحيح، كتاب البيوع، ١ - ٣؛ النسائي، السنن، كتاب البيوع، ٢٣ - ٢٦؛ مالك، الموطأ، كتاب البيوع، ٦٣ - ٧٦

باب القول في وجوب الإمامة

إنها فرض بالدليل المبين، من كتاب رب العالمين، وسنة رسوله الأمين، مع الإجماع فيها من المسلمين، بين فاعل أو راض مسلّم، وكلّهم لذلك مظهر غير مكاتم، ولم يتنازعوها مع اختلاف طبائعهم وتفاوت عللهم، وأنها لواحد منهم مبلغ سلطانه فيهم، عدل مأمون في إيمانهم بينهم. قال الله تعالى ﴿يَا أَيُّهَا الَّذِينَ آمَنُواْ أَطِيعُواْ اللّهَ وَأَطِيعُواْ الرَّسُولَ وَأُوْلِي الأَمْرِ مِنكُمْ فَإِن تَنَازَعْتُمْ فِي شَيْءٍ فَرُدُّوهُ إِلَى اللّهِ وَالرسولِ إِن كُنتُمْ تُؤْمِنُونَ بِاللّهِ وَالْيَوْمِ الآخِرِ﴾ وكان المعروف في معنى المخاطبة مع الاسم الظاهر أنهم حكّام، إذ الحكّام فقهاء وليس الفقهاء بحكّام. وقال في صدر الكلام ﴿إِنَّ اللّهَ يَأْمُرُكُمْ أَن تُؤدُّواْ الأَمَانَاتِ إِلَى أَهْلِهَا وَإِذَا حَكَمْتُم بَيْنَ النَّاسِ أَن تَحْكُمُواْ بِالْعَدْلِ﴾ ففرض الطاعة من الرعية للحكام، وعليهم العدل فيهم، وأمر بردّ ما فيه التشاجر بينهم إلى كتاب الله وسنة رسوله اللذين فيهما الشفاء والبيان من أمره ونهيه.

وأجمعت الأمة أنه لا تجوز شهادة الجارّ إلى نفسه بشهادته أو القابض لغيرهِ في موضع التهمة، وما يدّعون من العلّة [قوله تعالى] ﴿وَأَشْهِدُوا ذَوَيْ عَدْلٍ مِّنكُمْ﴾ وقال ﴿مِمَّن تَرْضَوْنَ مِنَ الشُّهَدَاءِ﴾ فنص على العدالة، وجاء ذكر ذلك في جزاء حرّ الصيد ﴿يَحْكُمُ بِه ذَوَا عَدْلٍ مِّنكُمْ﴾ وقال ﴿وَمَن لَّمْ يَحْكُم بِمَا أَنزَلَ اللّهُ فَأُوْلَئِكَ هُمُ الْكَافِرُونَ﴾ مع ما للإمام على الرعية في إجماع الأمة من الحكم في أنسابهم وأموالهم وتصريف أقواله في غيوب أحكامه عليهم، وأن لا ينحيه عنها اتهام له فيهم ما لم يخرج [عن] سبيل ما يتعارف من مجاري أحكامه عليهم، فيسأله عن ذلك المسلمون مع مطالبة من يطالبه ذلك منهم.

١ باب] -، ا ب ٢ الإجماع] اجماع الامة، ج ٣ يتنازعوها] يتنازعوا، ا ب ج ٤ لواحد] للواحد، ا ب ج د ٦ وكان المعروف] فكان المعروف، ب ج؛ فكان للمعروف، ا ٩ للحكام] للحاكم، د || بردّ ما] بردها، ا || فيه] وفيه، ا د ١٠ رسوله] + صلى الله عليه وسلم، د ١١ بشهادته] شهادته، ا ب ج ١٣ فنص] حض، ا ب؛ قبض، ج || وجاء] وجاز، ج ١٥ وتصريف] وتطريق، ا ب ج د ١٦ اتهام] انهاماً، ا ب ج د || من] في، ا || فيسأله] فساله، ا

٥ يا ...٦ الآخِرِ] ٤ النساء ٥٩ ٨ إنَّ ...بِالْعَدْلِ] ٤ النساء ٥٨ ١٢ وَأَشْهِدُوا ...مِّنكُمْ] ٦٥ الطلاق ٢ || مِمَّن ...١٣ الشُّهَدَاءِ] ٢ البقرة ٢٨٢ ١٣ يَحْكُمُ ...١٤ مِّنكُمْ] ٥ المائدة ٩٥ ١٤ وَمَن ...الْكَافِرُونَ] ٥ المائدة ٤٤

ومن السنة المجتمع عليها أن رسول الله صلى الله عليه وسلم كان إذا افتتح بلداً أمّر عليه أميراً مرضيًّا، وكذلك كان يفعل إذا خرج حاجّا أو غازياً. فكانت أمراؤه في البلاد مشهورين بتأميره إياهم، وعقد الولاية لهم، وتعريفهم الغزو، ويأمرهم بطاعتهم في عهوده لهم، وهو صلى الله عليه وسلم قائم بالأمر والنهيِ والحدود والأحكام، والأمراء فيما فتح الله عليهم من جزيرة العرب يحكمون إلى أن توفّي رسول الله صلى الله عليه وسلم ومعاذ [بن جبل] على اليمن، والعلاء بن الحضرمي على البحرين، وعتاب بن أسيد على مكة، ورجال آخرون في سائر البلدان والغزو والجهاد، لم يدفع ذلك متأول ولا متعمد.

ثم احتذى القائم بعد رسول الله صلى الله عليه وسلم مثاله في التأمير وقبض الخراج وإقامة الحدود وإمضاء الأحكام بإجماع المسلمين على ذلك له. وقال الله وهو يخاطب المسلمين عامّة ﴿لَقَدْ كَانَ لَكُمْ فِي رَسُولِ اللهِ أُسْوَةٌ حَسَنَةٌ لِمَنْ كَانَ يَرجُو اللهَ والْيَوْمَ الآخِرِ﴾ فدل آخر الكلام على فرضه لأنه ليس لأحدٍ أن يقطع بعضه عن اتصال مخرج لفظه وقيام سببه، فهو متروك على جهته وما يتعارف من بيانه إلى أن تقطعه حجّة من عقل أو كتاب أو إجماع الأمة، ولا يَجب أن يخصّ هذا التأسي [في بعض الشريعة دون بعض لما كان مخصوصاً به فيها رسول الله صلى الله عليه وسلم، لأن الأصل في ذلك هو التأسّي برسول الله] إلى أن يبين ما يُخصّ به، ولا بدّ أن يبيّن ذلك بحجة من نحو ما جاء من خصّه بالتسوية في الصدقة أنها لا تحل له، فكل ما لم يكن مبيّناً أنه خاصّ لرسول الله صلى الله عليه وسلم أو أنه نفل فعلى الناس فعله بقوله ﴿لِمَنْ كَانَ يَرجُو اللهَ وَالْيَوْمَ الآخِرِ﴾. ومن ذلك أن الأمر قد يخرج في الكلام ترغيباً وإطلاقاً وطلباً وتأديباً، والأصل فيه الفرض، لأن ما لم يكن منه فرضاً فمجاز

٢ كان] + لا، ا **٣** الغزو] العدو، ا ب ج د || عهوده لهم] عهودهم له، ا ب ج د **٧** متعمد] متصمد، ا **٨** الخراج] الخرج؛ ج، د **٩** وإمضاء] وامصا، ج || يخاطب] خاطب، ا ج د **١١** آخر] الاخر، ا **١٢** بيانه] ثباته، ا ب ج د **١٣** لما] لها، ب ج د **١٤** صلى...وسلم] -، ج || هو التأسّي] والتاسي، ا || في...١٤ الله[3]] -، ا **١٥** يبين] يتبين، ب ج د || جاء] -، د **١٨** فرضاً] فرض، ا ب ج

١٠ لَقَدْ...الآخِرِ] ٣٣ الأحزاب ٢١

كلام، فالفرض منه كقوله ﴿فَمَنْ شَهِدَ مِنكُمُ الشَّهْرَ فَلْيَصُمْهُ﴾ والإطلاق كقوله ﴿فَإِذَا قُضِيَتْ الصَّلاَةُ فَانتَشِرُوا﴾ ﴿وَإِذَا حَلَلْتُمْ فَاصْطَادُوا﴾ والتأديب كقوله ﴿وَأَشْهِدُوا إِذَا تَبَايَعتُمْ﴾.

وبعد هذا البيان فإن الأمة مجمعة على أن رسول الله صلى الله عليه وسلم لم يولّ والياً ولا أمّر أميراً على سرية ولا جيش ولا مصر مذ بعثه الله إلى أن توفّاه صلى الله عليه وسلم إلا مسلماً عدلاً مرضيًّا، وأنه كان إذا ولىَّ والياً أمره بتقوى الله والعمل بكتاب الله وسنة رسول الله، وأنه كان أعلمهم أنه «لا طاعة لمخلوق في معصية خالقه»، وقال للناس: «لا تُطِيعوا من أمَرُكُم بِمعصِيةِ ربِّكم». فتبين بذلك من سنته في ذلك أن لا بدّ للأمّة من إمامٍ تَجرِي على يديهِ أحكامُهم وآراؤُهم، [ووجب] بما فعل من تولية العدل الثقة منهم أن يفعلوا كفعله ويَمضوا على سُنَّته صلى الله عليه وسلم. واحتذى المسلمون مِثالهُ.

وأيضاً، فمن الأدلّة على وجوب الإمامة مجمعة أن لله فروضاً أمر بها وحدوداً أوجبها لا يقوم بِها المصيب لها منه على نفسه بما أوجب الله من ذلك عليه، وأنه ولاية لا يقوم بها إلا الأئمة فيهم أو أمراؤهم، فصح، بأن ما لم يكن الفرض إلا به من الأفعال ففرض مثله، فرض الإمامة، والحمد لله رب العالمين والعاقبة للمتقين.

١ والإطلاق] والطلاق، ج ٥ عدلاً] -، ا ج د ٧ بذلك] ذلك، ا ب ج د || أن] + للامام، ا تَجرِي] تحري، ج ١١ بما] مما، ا || وأنه] ولانه، ا؛ -، ب ١٢ أمراؤهم] اوامرهم، ا || بأن] لان، ا || ما] -، ا ج د ١٣ والعاقبة] والعافية، ا

١ فَمَنْ ...فَلْيَصُمْه] ٢ البقرة ١٨٥ || فَإِذَا ... ٢ فَانتَشِرُوا] ٦٢ الجمعة ١٠ ٢ وَإِذَا ...فَاصْطَادُوا] ٥ المائدة ٢ || وَأَشْهِدُوا ...تَبَايَعتُمْ] ٢ البقرة ٢٢٨ ٦ لا[1] ...٧ ربِّكم] أخرجه البخارى: الصحيح، من طريق ابن عمر بمعناه، (٢٦١٢/٦، ر٦٧٢٥)، ومسلم (١٤٦٩/٣، ر١٨٣٩)، وأبو داود (٤٠/٣، ر٢٦٢٦)، والترمذى (٢٠٩/٤، ر١٧٠٧) وقال: حسن صحيح. وأحمد (١٤٢/٢، ر٦٢٧٨)، والنسائى (١٦٠/٧، ر٤٢٠٦)، وابن ماجه (٩٥٦/٢، ر٢٨٦٤). وأخرجه أيضًا: ابن أبى شيبة (٥٤٣/٦، ر٣٣٧٠٧)، وابن الجارود (ص ٢٦٠، ر١٠٤١)، وأبو عوانة (٤٠٤/٤، ر٧١٠٨)، والبيهقى (١٢٧/٣، ر٥١١٧)، والديلمى (٣٤٦/٢، ر٣٥٦٨).

باب القول في أسماء الدار وأحكامها

إن الأسماء التي يثبت بها لها وينتقل بها لها ما يجري من الأحكام على أهلها بلزومها إياها فإنها أسماء عامة لذمة بين من فيها ولنحلتهم المدان بِها التي لا يجوز معها إلا إظهار التصويب لها والرضا بِها من الساكن فيها والداخل إليها دون أن يكون معتصماً بذمة [من] فيها أو بأمانٍ من أهلها، فبذلك وجوبها ولزومها. ولا تجبُ هذه الأسماء لأفعال جوارحهم، لأن الأفعال لا يحيط العلم باشتمالها لجميعهم وللداخل إليهم، وليست بعامة [يجري] ذلك لهم، لأن ذلك ممتنع من أهل الدُّور في عاداتهم، ومع ذلك فإن المصوب للزنا والقتل والسرق منهم الراضي به عنهم لا يلزمه اسم سارق ولا قاتل ولا زانٍ فيهم ولا يجب عليه الحكم الذي [يجري] بذلك عليهم، فلهذا لم يجب اسم الدار لأفعال جوارحهم، وليس كذلك الرضا بالنحل التي هي الكفر أو الفسق والتصويب لمن دان بِها.

وهذه الأسماء إنما تجب لعظيم المعاصي من فاعليها، ولا يجب أن تكون الدار دار كفر وفسق وظلمٍ وضلال لكفر إمامها وضلاله، ولا يلزم أهلها الفسق بفسقه ولا الظلم بظلمه ولا الجور بجوره أو تعطيله الحدود عمن وجبت عليه. ولهذا لا يَجب كفر الدار لكفره، لأن من أهل الدار من لا يكفر لترك النكير عليه لِعجزه عن ذلك وقهر الإمام له مثل الزمنى منهم والأضراء والنساءِ ونحو ذلك. ولا تجب أسماء الدار إلا بالعموم بها لأهلها في الخبر عنها.

وإذا كانت هذه الدار على ما وصفنا من شأنها دار كفر أو دار فسقٍ وضلال لم يجز لأحدٍ دخولها، ولا المقام بها مع وجود السبيل إلى دار ليس هذا الاسم لها ولا الحكم على أهلها ما لم

٢ بها لها[1]] لها بها، ا ب ج || بلزومها] فلزومها، ا ب ج د **٣** لذمة] لجملة، ا ب ج د || ولنحلتهم] ولنحلهم، ا ب ج د || يجوز] تجوز، ج **٤** بذمة] بنفسه، ا || من[3]] -، ا ج د **٥** لأفعال] والافعال، ا || يحيط العلم] تحيط للعلم، ا ب **٦** بعامة] لعامة، ب **٧** المصوب] المنصوب، ج للزنا] للدماء، ا ب ج د || منهم] ومنهم، ا ب ج د **٨** بذلك] يدلك، ا ب د || فلهذا] + ما، ا ب ج د **٩** الفسق] فسق، ب ج د **١١** إنما...لعظيم] التي تجب لعظم، ا ب ج د || فاعليها] فلطها، ا؛ فاعلها، ب ج د || تكون] يكون، ا ب د **١٣** أو تعطيله] وتعطيل، ب ج || لا] ما لم، ا ب ج د **١٤** لِعجزه] لعجز، ا ب **١٥** والأضراء] كالاضبر، ا || تجب] يجب، ا ب || بها] لها، د **١٦** أو دار] ودار، ا ب ج د **١٧** السبيل] سبيل، د

يكن معتصماً بذمة أو أمان ممن بها بغير إظهار لتصويبها، لأنه حينئذٍ يكون مدخلاً لنفسهِ بذلك فيما يجب من الاسم والحكم على أهلها، وفيما يكون به عاصياً لربه من تصويبِ ما دانوا من الكفر والفسق به، وإن كان مكرهاً على ذلك، لا أنه يجد السبيل إلى الخروج عنها إلى بلد غير محمول ذلك عليه فيه، فإذا أمكنه أن يعتصم بذمة أو أمان، ليس في الزي والهيئة من أهل دار الكفر حتى أنه غير محمول في ذلك على تصويب كفرهم ولا يفتنوه عن دينه في مقامه معهم، جاز ذلك له، كما يجوز للمختلفة بالتجارات إليهم مع إظهارهم لمخالفتهم بأمان منهم لهم، أو بأن يكونوا رسلاً للمسلمين إلى بعضهم أو ملوكهم بالسنة القائمة للمسلمين في شريعتهم، ما لم يأمرهم إمام المسلمين بالخروج من ديارهم، لما يتبين له من صلاحٍ فيه بخروجهم عنهم. ولا يجب ذلك منه مع التصويب لمقالتهم فيها، وإن تساويا في اجتماع العجز فيهما عن النكير، وأن لا يصوّب أهله فيما دانوا به على ما وصفنا، إلا أنه لا يجب مع ترك التصويب لهم وظهورِ مُخالفته في دينهِ إيَّاهم وكراهيته لما دانوا به من ضلالهم أن يكون متشاغلاً بالنهي لهم دهره، حتى لا يسكت عن ذلك بعد النهي عنه لهم. ولا يجب أيضاً أن يكون مشركاً لترك إنكاره على أهله مع أن إظهاره المخالفة والكراهية يقوم مقام النهيِ والإنكارِ مع الخوف بالخطاب به.

ولما لم يكن ترك الإنكار ينقل اسم الدار لما فرقناه في ذلك بين الأفعال والنحل جاز أن يقيم في دار لا يمكنه إنكار المنكر فيها ورفع الظلم عن نفسه من أهلها، لأن ذلك ليس بإباحةٍ له منه مع ما ذكرنا، ولم نجد في كتاب الله تعالى ولا في سنة نبيّه ما يمنع من إقامته في هذه الدار على ما وصفنا. وأيضاً فإن الأنبياء ما زالوا على وجه الأرض مقيمين بين الكفار الذين يجاهرون

١ أمان] + في، ب || إظهار] الإظهار، ا ب ج د || لتصويبها] بتصويبها، د **٣** لا أنه] لأنه، ا ب ج د **٤** أو ...الزي] -، ا ج د **٥** دار] -، ا ج د || حتى] على، ا ب ج د **٦** ذلك] -، ا || له] -، ا ب ج د || لمخالفتهم] لمخالفيهم، ا ب ج || أو بأن] وبأن، ا ب ج د **٧** القائمة] قائمة، ا ب ج د **٨** لما ...بخروجهم] كما نديهم من صلاح إليه بخروجه، أ ب ج د **٩** التصويب] التصويت، ا ب ج | وإن] او ان، ج || النكير] التكبر، ا ب **١٠** إلا أنه] لأنه، ا ب ج د **١١** مُخالفته] مخالفتهم، ا ب ج د || لما] ما، ا ب ج || يكون] يكونوا، ا **١٣** مع الخوف] والخوف، ا **١٤** ينقل] بنقل، ا ب || فرقناه] عرفناه، ا د || يقيم] يعمم، ا **١٦** نجد] يجد، ا ب

بمعاصي الله، وكان لا يتهيأ لهم مع ذلك منعهم عنها بالقسر لَهم على الامتناع منها، وكانوا مع ذلك يُعلمونهم بما لهم من عقاب الله في فعلها.

ولا يجب اسم الإيمان والكفر للدار بالأغلب من أهلها عليها وأكثرهم عدداً فيها، لأن الدار إذا لزمها اسم الكفر لزم جميع من بها والحكم بالقتل عليهم إلا من اعتصم بذمّة منهم وبان بالزيّ والهيئة فيهم، فإذا أدخل الأقلّ منهم في حكم الأكثر فهو ظلم لهم من القائل بالأغلب في أسماء الدار وأحكامها.

وإذا اجتمع في الدار الواحدة نحلة الإسلامِ ونحلة ضلال ممتنع مُقام إحداهما إلا بإظهارِ التصويب لها والرضاء بها فمحكوم على أهلها بالضلال، كما أنه لا يجتمع في واحد اسمها ولا حكمها، لأن الكفر والفسق والضلال يحبط الإيمان ويحرم الثواب، ويستحقّ الذمّ مَن كان ذلك فيه، فإن خرج عنها أحد الصنفين لم يزل ذلك اسمها وحكمها لزوالهم عنها مع إمكانهم الرجعة إليها، وإظهار مقالتهم فيها. وإذا أمكن المقيم في هذه الدار أن لا يظهر الرضاء والتصديق بشيء من مذاهب أهلها لم يجب لها أحد الاسمين ولا أحد الحكمين، ولا يجب بزوال أهلِ الإسلامِ عنها زوال اسمها، ولا بموت إمامها يجب أن ينقل عنها، لما كان بين ظهراني [أهل] الإسلام من الهدي والإيمان، والله أعلم بالعدل في ذلك وفي غيره، وهو أرحم الراحمين، وصلى الله على سيدنا محمد خاتمِ النبيين وعلى آله الطيبين الطاهرين وعلى جميع المرسلين وسلم الله عليهم تسليماً.

١ مع[1]] -، ا ب ج || عنها] عليها، ا ب ج || بالقسر] بالنصر، ا ب ج د **٤** لزمها] الزمنها، ا وبان] -، ب **٥** ظلم] ظالم، ا ب ج د || القائل] القابل، ب د؛ القاتل، ج **٧** الواحدة] الواحد، ا ب ج د || ممتنع] فمنع، ا ب ج || إحداهما] أحدهما، ا ب ج د **٩** والضلال] + لا، ا **١٠** الصنفين] الصفتين، ا || اسمها وحكمها] اسمها ولا حكمها، ا ب ج د || اسمها...لزوالهم] اسمها ولا حكمها لزوالها، ا ب ج د || إمكانهم] امكانة، ا **١١** المقيم] القيم، ا || أن] -، د **١٢** يجب بزوال] يوجب زوال، ا؛ يجب زوال، ب **١٣** ينقل] ينكسر، ج؛ ينكر، ا ب د || لما] ما، د **١٤** ظهراني] ظهران، ا ب **١٥** سيدنا] -، ج د

بسم الله الرحمن الرحيم

هذا كتاب المحاربة
لأبي المنذر بشير بن محمد بن محبوب رحمهم الله

الحمد لله شكراً له دائماً، وسبحان الله تمجيداً له باقياً إلى غير غاية ولا مدى، وأشهد موقناً أنه الله لا إله إلا هو، توحيداً له بأنه لم يزل إلهاً واحداً فرداً قادراً على الأشياءِ كلها من غير انتهاء متى يذكر الكل إلى غير غاية لها، وبلاَ إثباتِ معاني الموجود منها فيه، ولا إشارة إليها بشيء من أوصافه التي يستحقّها، سوى أنها مقدورات ومعلومات لله لم يزل قادراً عليها وعالماً بِها على ما هي به، ما يوجده أو ما قد أوجده، وما لا يوجده أن لو أوجده كيف يقع في إيجاده إياه منها، [بلا] تغيير له في إيجادها، ولا حدوث علمٍ له بها أنه قد أوجدها، لأن المعلوم له أنه قد أوجده هو المعلوم له قبل أن يوجده، فليس تغايرُ معلومه وإخراجُه إلى الوجود عن عدمه بموجب تغاير العلمِ به. فسبحان الله الدالّ بالموجودات على ذلك من صفته في تشاكلها وتضادّها وأعدادها ومعدودها وحدودها وما تسمَّى به، دلالةً على أنه أوجدها وحكيم في إيجادها، وغني عنها في اختلافها وتوافقها وتأليفها وتفريقها وجواهرها وأعراضها وكياناتها وكلِّياتها وأبعاضها، شاهدة بأنه البريء عن معانيها وكلّ ما يحدث فيها، والمتعال من درك نواظرها ومماثلة أعراضها وجواهرها، وأن توهُّه بهيئة القلوب بحدوث خواطرها ونتائج فكرها. فسبحان المتولي لإنشائها وتدبيرها صنعة محكمة، وحكمة بالعدل فيها بالغة. وأشهد أن محمداً عبد الله

٣ رحمهم الله] رحمة الله عليهما، ا د **٤** أنه] أن، ا **٥** من] فِي، ا ب ج د **٦** فيه] فيها، ا ب ج د **٧** أنها] انهما، ا ب **٨** أو ما] وما، ج || أوجده[2]] وجده، ا || إيجاده] اتخاذه، ا **٩** تغيير] تعبير، ج || إيجادها] اتخاذها، ا ج د || حدوث] بحدوث، ا ب ج د || لأن] لأنه، ا || أنه[2]] لأنه، ا **١٠** فليس] له جائز، ج || تغايرُ] لتغاير، ا ب ج د || عن] عند، ا، ج **١٢** تسمَّى] سمي، ب، ج **١٣** إيجادها] اتخاذها، ا || وكياناتها] كناياتها، ا ب ج د **١٤** وأبعاضها] وابعضها، ب || عن] من، ج || يحدث] يحل؛ ب **١٥** بهيئة] بهية، ب **١٦** لإنشائها] لاسبا، ب || محكمة] فحكمه، ا

ورسوله بعلم الصدق وبرهان الحق وشريعة العدل ووظائف الفضل، وأنه قد بلّغ ما أرسله به، صلى الله عليه صلاة بالغة في التفضيل له بها إلى البهاء الأعظم، والمجد الأجلّ الأكرم، من جنّاته ومواهب عطائه، إنه واسع لما يشاء.

وبعد، فهذا بيان في حدوث العالم وأجزائه بتعاور الحوادث له ولها فيه، واحتماله وأجزائه لها، ووجوده بها غير منفكّة منه وغير منفكّ منها هو وأجزاؤه، وأجزاؤه توجد بها، وتفرقها مرة وتجمعها أخرى، فالحال يضمها والوقت يجري عليها، والأماكن محلّها ومنتهى لها، تجاوراً فيها بأعراضها وعلى غير تداخل منها وفيها، فإذا ارتفعَ التأليف عنها ثبت الجزء الذي [لا] يتجزّأ منها وسقط العدد منه والعرضانِ المتضادّان عنه، لأنهما يتنافيان الكون فيه لشغل أحدهما به، ولا فصل فيه عنه، ولا يقوم في وهم ولا في عقل أن يكون المدخول فيه داخلاً في الداخلِ فيه. فدلالة حدث الجزءِ احتماله أن يزاد إليه مثله إذ يتجسّم بحدوثِ الأقدار الثلاثة له، والله عالم بعدد أجزاء الخلق كلها، وقادر على تفريق ما جمع منها حتى لا يبقى اجتماع فيها، وكذلك [على] جمع متفرقها، وفي ذلك إثبات للجزء الذي لا يتجزّأ منها، وصحّة النهاية فيها ومن كلّ طرف منها منتهى، وما يلاقي الأجسام من نواحيها وجهاتها من أيّه شئت ابتدأت عدداً منها، وإلى أيه شئت انتهيت به أمداً إليه فيها، وأيَّه أقمت في وهمك قام محدوداً، وأيّه صورت في خلدك تصور بهيئة عيانك له مشاهداً منها، وأيضاً فيما ظهر للعيانِ من تناهي الجسم من وجوهه الستّة إلى الجهات المتناهية إليها من الهواء أعدادها ما يصحّ به تناهي عدد أجزائه لاستحالة إحاطة الهواء بما لا نهاية به، لأن ما لا نهاية له لا يتوهم له نهاية من جهة، فحكم ما أدركنا من نِهاية الخلق الملاقية لنا حكم ما غاب عنّا من الخلق في النهاية به والتجزئة، وإن

١ ورسوله] ورسول له، ا || بلّغ] أبلغ، ب ٥ توجد] هو، ب ج || مرة] + له، ب ٦ يضمها] يضمنها، ا || ومنتهى] ومنتهية، ا ب ٧ بأعراضها] -، ج || تداخل] التداخل، ا ب ج || التأليف] الثالث، ا، ج ٩ فصل] فضل، ج || يقوم...وهم] هم فهم، ا ١٠ فدلالة] بدلالة، ج || مثله] + من، ا؛ ومثله، ب || إذ] أن، ب || يتجسّم] تجسم، ا || عالم] اعلم، ا ١١ الخلق] الخلائق، ا د ١٢ جمع] جميع، ا || للجزء] الجزء؛ ا ١٣ من[1]] في، ا || نواحيها] نواحييها، ب ١٤ انتهيت] انتهت، ا ب ج د || فيها] -، ج ١٥ تصور] بصورتهم، ج؛ لصورهم، د || بهيئة] -، ج || للعيانِ] بالعيان، ج || من[2]] في، ا ١٦ إلى] -، ج ١٧ لاستحالة] لاستحماله، ج || له[1]] وله، ا

العدد يبتدئ من حدّ النهاية فيه من واحد إلى ما بعده من الأجزاء، ولما كان للعدد أول يبتدئ به كان له آخر إليه ينتهي، فالحدوث بارز الصفحة، مكشوف القناع من كلّ جهة، والحمد لله على ما وفّق له.

وبعد، فهذا بيان في إثبات علم الصدق لرسل الله [تمييزاً] من لطائف السحر ودقائق الفكر ومنتهى الخديعة ومبلغ الحيلة. إن توليدات الأعيان متفقة، ما انقسم منها وفضل عنها قائم بها، وإن كانت النفوس مختلفة المدركات في دواركها، فإن ذلك بالمعاني القائمة في غرائزها وعلى شأن جواهرها، وهذا كافٍ عما يعارض به في مبلغ مثلها بشهادة العيان على ذلك في ظواهرها وإدراك مشاعرها، فلو كان في قوى الحيوانية وقُدرها إذا بلغت غاية الكمال فيها إنشاء عين أحد من الأعيان كلها بها لكان ذلك جائزاً في مقدار ما معها حتى نشأ من الأعيان بمقدارها، ولجاز أن تتوهم بمقدار قوى توهمها كيفية إنشاء شيء منها، ولساغ الشكّ لها إذا أوردته على أنفسها في القدرة عليه والحيلة فيه حتى تحدّث أنفسها بوجود السبيل إليه والرؤية في محاولته نحو ما يكون منها فيما قد سبق بعضها بعضاً إليه من ضروب الصنع التي في غرائزها ومن جنسِ ما يخرج بقدرها، فلما استحال ذلك فيما قدمنا في طبائع الحيوانية صح بذلك علم الرسالة وبرهان النبوة، والله متفرد بإعطاء هذا العلمِ، ولا يجوز أن يعطيه إلا صادقاً فيما يدعو به إليه، لأن إعطاءه من يكذب به عليه فساد في الحكمة ودعاء إلى المعصية له، فالله متعالٍ عن هذه الصفة وكلّ صفة خسيسة، وهو العزيز الحكيم.

وبعد، فإن مشاهدي أعلام الرسالة لمحمد صلى الله عليه وسلم مع صحة فطرتهم ومناصحتهم لأنفسهم في استيضاح برهانها واستنارة دلالتها لم يمتنعوا من تصديقها واعتقادها والشهادة بها. وأما من لم يشاهدها فإن الخبر يقوم له عنها مقام مشاهدتها في الاستدلال بها، فالعلم بالخبر الصادق ضربان، اكتساباً له واضطراراً إليه، فالاضطرار منه إلى صدقه ما إذا أورد السامع له

١ للعدد] المعدود، ا ٢ آخر] اجزاء، ا || ينتهي] منتهي، ب؛ تنهي، ج || فالحدوث] في الحدوث، ا ٤ فهذا] هذا، ا ب ج د || إثبات] إثباته، ا ب ٥ متفقة] المتفقة، ا ب || قائم بها] له عنها، ا ٦ دواركها] ادركات، ج ٧ شأن] بيان، ج || كافٍ] كان، ا || مبلغ] -، ا ٨ وإدراك] ودراك، ا ب ج د ٩ نشأ] تشاجر، ا ب ١٠ ولجاز] ويجاز، ا || كيفية] + ما، ج ١٢ ضروب] ضرورات، ج ١٤ صادقاً] -، ا ١٦ الصفة] الصفات، ب ١٧ أعلام] لاعلام، ا ١٨ واعتقادها] واعتقاده، ا ٢٠ اكتساباً] باكتساب، ا || ما] -، ا

الشكّ فيه على قلبه لم يرد له ولم يسع له في عقله عنده، نحو أخبار المدن عندنا وتقدّم الدنيا لنا وكونها قبلنا، ومن ذلك علمنا بالنبي صلى الله عليه وسلم وأصحابه وما جاء به الجميع مخبرين به وناقلين له كالقرآن ونحوه، لأن ذلك يقوم به في العلم مقام الشاهد له، ولما صحّ علم المشاهدة اضطراراً كان ذلك مثله، وليس بجحد السُّمنية لعلمِ الأخبار بمزيل الاضطرار إلى العلمِ بها، كما لم يكن ذلك في المشاهدات بجحدِ السوفسطائية لَها، أما الاكتساب فما نقله البعض الذين لا يجوز تواطؤهم عليهِ، ثم لا يقع تصديق الجميع لهم فيه ورضاهم جميعاً به، فهذا باكتساب يعلم صدقه.

ولما بعث الله محمداً رسولاً له وداعياً إليه أبانه بالآيات النيرة، والأعلام الظاهرة، والدلائل البينة القاهرة، فلما اتّصلت دعوته وقامت حجته وظهرت أعلامه وحكمته قطع الله بها عذر من شاهده أو غاب عنه في أنه الصادق في دعوته، وأن حقاً ما جاءهم عن الله به، ثم إنه قام بضع عشرة حجة بمكة يدعو إلى توحيد الله، وعهده في وعيده به ووعده سراً ثلاث سنين، وعشراً جهراً، بأفصح المقال وأحسن البيان، مع الزجر الجميل والقول السديد بالمواعظ الشافية والحكمة البالغة، يجادلهم بالحسنى ويصبر منهم على الأذى، فلما غمرهم بالحجاج والبرهان، وقهرهم بآيات القرآن، قال الكافرون منهم لما دعاهم إليه: ﴿لاَ تَسْمَعُوا لِهَـٰذَا الْقُرْآنِ وَالْغَوْا فِيهِ لَعَلَّكُمْ تَغْلِبُونَ﴾، فأمره الله عند ذلك النبي صلى الله عليه وسلم ومن معه من المؤمنين بهجرة دارهم والخروج إلى إخوانهم من الذين تبوّأوا الدار والإيمان من قبلهم، وفرض عليهم الجهاد في سبيله بأموالهم وأنفسهم، فلما هاجر رسول الله صلى الله عليه وسلم ومن معه كان أول ما أوحى إليه من ذكر القتال أن ﴿أُذِنَ لِلذِينَ يُقَاتَلُونَ بِأَنَّهُم ظُلِمُوا﴾ ثم قال ﴿وَقَاتِلُواْ فِي سَبِيلِ اللهِ الَّذِينَ يُقَاتِلُونَكُمْ وَلاَ تَعْتَدُواْ﴾ نهياً عن قتال من لم يقاتلهم، ثم أمرهم بقتال من

١ قلبه] ملته، ب ٢ لنا] -، ا ٤ اضطراراً] اضطرار، ا ب ٦ لا[2]] لم، ج || فهذا] في هذا، ا
١٠ وأن] وانه، ا || عن...به] به عن الله، ا ب ج د ١١ عشرة] عشر، ا ب ج د ١٢ الزجر] الجهر، ب ج؛ الهجر، د ١٣ بالحجاج] بالحجج، ب ج د ١٤ دعاهم إليه] إليه دعاهم، ج
١٦ بهجرة] هجرة، ا || إخوانهم] -، ا || من[1]] -، ا ب د ١٧ في سبيله] سبيل الله، ب

١٤ لاَ...١٥ تَغْلِبُونَ] ٤١ فصلت ٢٦ ١٨ أُذِنَ...ظُلِمُوا] ٢٢ الحج ٣٩ || وَقَاتِلُواْ...١٩ تَعْتَدُواْ] ٢ البقرة ١٩٠

يليهم منهم: ﴿وَلْيَجِدُواْ فِيكُمْ غِلْظَةً﴾ ثم نهاهم عن ذلك عند المسجد الحرام حتى يقاتلوهم فيه، ونهى عن ذلك في الشهر الحرام بقوله ﴿قُلْ قِتَالٌ فِيهِ كَبِيرٌ﴾، أي من الذنوب.

وإنه لما اتصلت بأقطار الأرض وآفاق البلاد الدعوة، وقامت فيها الحجة، أمر الله نبيَّه بقتال المشركين كافّة بعد التبرّي إليهم من عهدهم للأوقات التي كانوا وعدوه فيها الاستجابة له، بعد النظر منهم وإيذانه بحرب تكون بينهم، فبرئ إليهم صلى الله عليه وسلم بعد مضي أجلهم الذي عقدته ذمّته لهم، وأنزل الله في ذلك [أول] سورة براءة وهو قوله ﴿فَسِيحُوا فِي الأَرْضِ أَرْبَعَةَ أَشْهُرٍ﴾ نادى بها علي بن أبي طالب في الموسم سنة تسع بأمر رسول الله صلى الله عليه وسلم عشرين من ذي الحجة إلى عشرين من ربيع الآخر، فتلك أربعة أشهر كوامل أجلاً للمشركين حيث شاءوا من الأرض إعذاراً إليهم وإنذاراً لهم ببلوغ مأمنهم، وبراءة منهم ونبذاً بالحرب بعدها إليهم إن لم يؤمنوا بالله ورسوله ويذعنوا لحكمه، إلا من كان له عهد إلى أكثر منها بقوله ﴿إِلاَّ الَّذِينَ عَاهَدتُّم مِّنَ الْمُشْرِكِينَ ثُمَّ لَمْ يَنقُصُوكُمْ شَيْئًا وَلَمْ يُظَاهِرُواْ عَلَيْكُمْ أَحَدًا فَأَتِمُّواْ إِلَيْهِمْ عَهْدَهُمْ إِلَى مُدَّتِهِمْ إِنَّ اللّهَ يُحِبُّ الْمُتَّقِينَ﴾ فإذا انسلخ الأشهر الحرم ﴿فَاقْتُلُواْ الْمُشْرِكِينَ حَيْثُ وَجَدتُّمُوهُمْ وَخُذُوهُمْ وَاحْصُرُوهُمْ وَاقْعُدُواْ لَهُمْ كُلَّ مَرْصَدٍ﴾ فعم المشركين بهذه الآية، ثم قال ﴿فَإِن تَابُواْ وَأَقَامُواْ الصَّلاَةَ وَآتَوُاْ الزَّكَاةَ فَخَلُّواْ سَبِيلَهُمْ﴾ وقال ﴿فَمَا اسْتَقَامُواْ لَكُمْ فَاسْتَقِيمُواْ لَهُمْ﴾ وهم أهل الأربعة الأشهر، فإن اعتدى أحد منهم في الأربعة فلا أمان له لقوله ﴿الشَّهْرُ الْحَرَامُ بِالشَّهْرِ الْحَرَامِ وَالْحُرُمَاتُ قِصَاصٌ فَمَنِ اعْتَدَى عَلَيْكُمْ فَاعْتَدُوا عَلَيْهِ بِمِثْلِ مَا اعْتَدَى عَلَيْكُمْ﴾ يقول من نقض عهده فاعتدوا عليه بنقضه، وقال ﴿وَإِمَّا تَخَافَنَّ مِن قَوْمٍ خِيَانَةً فَانبِذْ إِلَيْهِمْ عَلَى سَوَاءٍ﴾، يقول: إن اطلع على غدر منهم نبذ الحرب إليهم وما كانوا على الوفاء أتم إليهم عهدهم إلى مدّتهم، وقال في المشركين كافّة ﴿وَقَاتِلُوهُمْ حَتَّى لاَ تَكُونَ فِتْنَةٌ وَيَكُونَ

٣ فيها] بهم، ا **٥** النظر] التطهر، ا **٨** عشرين[2] عشر، ج **٩** أجلاً] أخلى، ا || ببلوغ] بلوغ، ا ب ج د **١٠** ونبذاً] ويبدأ، ج || لحكمه] بالحكمة، ب **١٥** في] الى؛ ا **١٩** وقال] فقال؛ ا

١ وَلْيَجِدُواْ...غِلْظَةً] ٩ التوبة ١٢٣ **٢** قُلْ...كَبِيرٌ] ٢ البقرة ٢١٧ **٦** فَسِيحُوا...٧ أَشْهُرٍ] ٩ التوبة ٢ **٧** نادى...٨ الآخر] انظر ذلك في تفسير الطبري ٦٠/ ٨٠. وابن كثير: ٢/ ١٢٣-١٢٤ **١٢** فَاقْتُلُواْ...١٣ مَرْصَدٍ] ٩ التوبة ٤-٥ **١٤** فَمَا...١٥ لَهُمْ] ٩ التوبة ٧ **١٦** الشَّهْرُ...١٧ عَلَيْكُمْ] ٢ البقرة ١٩٤ **١٧** وَإِمَّا...١٨ سَوَاءٍ] ٩ التوبة ٥٨ **١٩** وَقَاتِلُوهُمْ...١,٣٤ لِلّه] ٨ الأنفال ٣٩

الدِّينُ كُلُّهُ لِلّه﴾ ثم استثنى في أهل الكتاب فقال ﴿ قَاتِلُواْ الَّذِينَ لاَ يُؤْمِنُونَ بِاللهِ وَلاَ بِالْيَوْمِ الآخِرِ وَلاَ يُحَرِّمُونَ مَا حَرَّمَ اللّهُ وَرَسُولُهُ وَلاَ يَدِينُونَ دِينَ الْحَقِّ مِنَ الَّذِينَ أُوتُواْ الْكِتَابَ حَتَّى يُعْطُواْ الْجِزْيَةَ عَن يَدٍ وَهُمْ صَاغِرُونَ﴾ فإن أعطوها حقنوا دماءهم وأموالهم بها، فأما المرتدّون عن الإسلام فلن يقبل منهم إلا الرجوع إليه أو قتلهم.

فهؤلاء الأصنافُ ثلاثة: عبدة الأوثان والنيران، وكفرة أهل الكتاب، والمرتدّون عن اسم الإسلام، اسم المشركين لهم لازم، وحكم الحرب لهم واجب بحدود الله التي ضربها فيهم، وشروطه التي كتبها على مجاهدتهم. قال الله في فرض الجهاد على المسلمين مع ما قدّمنا من ذكر أوامره: ﴿كُتِبَ عَلَيْكُمُ الْقِتَالُ وَهُوَ كُرْهٌ لَّكُمْ﴾ وأجمعت العلماء بالسنة القائمة على أنه ليس بفرض على امرأة ولا عبد ولا على من لم يبلغ الحلم ولا من لا مال له، وقال ﴿لَّيْسَ عَلَى الضُّعَفَاءِ وَلاَ عَلَى الْمَرْضَى وَلاَ عَلَى الذِينَ لاَ يَجِدُونَ مَا يُنفِقُونَ حَرَجٌ﴾ وقال ﴿إِنَّمَا السَّبِيلُ عَلَى الَّذِينَ يَسْتَأْذِنُونَكَ وَهُمْ أَغْنِيَاء﴾ وقال ﴿لَيْسَ عَلَى الأَعْمَى حَرَجٌ وَلاَ عَلَى الأَعْرَجِ حَرَجٌ وَلاَ عَلَى الْمَرِيضِ حَرَجٌ﴾ والثابت عن رسول الله صلى الله عليه وسلم «أَنَّهُ ردَّ في بعضِ غزواته ابن أربع عشرة سنة، وأجاز ابن خمس عشرة سنة، وفعل ذلك بعبد الله بن عمر ردّه يوم أحد وأجازه يوم الخندق». وفي غزوة المشرك مع المسلمين أن النبيّ صلى الله عليه وسلم غزا يهود بني قينقاع وشهد معه صفوان بن أمية حنين بعد الفتح وهو مشرك. وحكم الله في وقعة بدر بقتال المؤمنين عشرة أمثالهم من المشركين بقوله ﴿إِن يَكُن مِّنكُمْ عِشْرُونَ صَابِرُونَ يَغْلِبُواْ

٦ لازم] -، ا **٧** من...٨ أوامره] ذكره أوامر به، ب د **٨** وأجمعت] واجتمعت، ا || العلماء] الأمة، ب || أنه] ان، ج **٩** ولا على] وعلى، ا **١٣** سنة[1]] -، ج || سنة[2]] -، ج || عمر] + انه، ج **١٤** وسلم] -، ا **١٦** بقتال] لقتال، ا

١ ...٣ صَاغِرُونَ] ٩ التوبة ٢٩ **٨** كُتِبَ...لَّكُمْ] ٢ البقرة ٢١٦ **٩** لَيْسَ...١٠ حَرَجٌ] ٩ التوبة ٩١ **١٠** إِنَّمَا...١١ أَغْنِيَاء] ٩ التوبة ٩٣ **١١** لَيْسَ...١٢ حَرَجٌ] ٢٤ النور ٦١ **١٢** أَنَّهُ...١٤ الخندق] الحديث رواه البخاري فِي كتاب الشهادات، باب بلوغ الصبيان وشهادتهم، (ر٢٦٦٤). وَفِي كتاب المغازي (ر٤٠٩٧) من حديث ابن عمر. ومسلم فِي كتاب الإمارة، باب بيان سن البلوغ، (ر١٨٦٨، ص٧٧٨). ورواه أبو داود فِي كتاب الخراج، باب متى يفرض للرجل فِي المقاتلة، (ر٢٩٥٧، ج٣٤) **١٤** وفي...١٥ مشرك] انظر ما رواه البيهقي فِي باب: من قال لا ينفسخ النكاح بينهما بإسلام أحدهما (ر١٣٨٤٠، ١٨٦/٧) **١٦** إن...١,٣٥ مِئَتَيْنِ] ٨ الأنفال ٦٥

مِئَتَيْنِ﴾ الآية، ثم قال ﴿الآنَ خَفَّفَ اللهُ عَنكُمْ وَعَلِمَ أَنَّ فِيكُمْ ضَعْفًا فَإِن يَكُن مِّنكُم مِّئَةٌ صَابِرَةٌ يَغْلِبُواْ مِئَتَيْنِ﴾ وسن رسول الله صلى الله عليه وسلم في حرب المشركين مع حكمِ القرآن أن يضرب ﴿مِنْهُمْ كُلَّ بَنَانٍ﴾، وأن يقعدوا ﴿لَهُم كُلَّ مَرصَدٍ﴾، وأن يجاز على جريحهم ويقتل موليّهم ومدبرهم، ثم [جعل] أرضهم وديارهم ميراثاً للمؤمنين بقوله ﴿وَأَوْرَثَكُمْ أَرْضَهُمْ وَدِيَارَهُمْ وَأَمْوَالَهُمْ﴾ وأما الحكم في الأسارى منهم فإن رسول الله صلى الله عليه وسلم قد قتل ومنّ وفادى فعاتبه الله في الفداء، ثم أباحه الله له، فقال الله ﴿فَإِذا لَقِيتُمُ الَّذِينَ كَفَرُوا فَضَرْبَ الرِّقَابِ حَتَّى إِذَا أَثْخَنتُمُوهُمْ فَشُدُّوا الْوَثَاقَ فَإِمَّا مَنًّا بَعْدُ وَإِمَّا فِدَاءً﴾ والإثخان وضع الحرب أوزارها، فقال قوم: يتخير الأئمة فيهم، وقال آخرون: لا حكم فيهم اليومَ إلا الإسلام أو القتل لهم، وأن آية المنّ والفداء منسوخة بقوله ﴿اقْتُلُواْ الْمُشرِكِينَ حَيْثُ وَجَدتُّمُوهُمْ﴾ وأنه لا خيار اليوم فيهم. وقال اللهُ لرسوله ﴿وَإِنْ أَحَدٌ مِّنَ الْمُشرِكِينَ اسْتَجَارَكَ فَأَجِرْهُ حَتَّى يَسْمَعَ كَلاَمَ اللّهِ﴾ يقول: أقم عليه الحجة وأفهمه إياها، فإن لم يقبل فخلِّ سبيله إلى بلوغ مأمنه، فإن ظفرت بعد ذلك به حل لك دمه.

٣ يجاز] يجار، ا ب ٥ منهم] -، ا || قتل] قبل، ا ب ٦ الله[2] -، ب ٨ يتخير] يخير، ا آخرون] + من، ا ٩ بقوله] لقوله، ا ب || وأنه] انه، ا || لا خيار] الاجبار، ا ١١ يقول] بقوله، ا ب ج د || عليه] عليهم، ا

١ الآنَ... ٢ مِئَتَيْنِ] ٨ الأنفال ٦٦ ٣ مِنْهُمْ... بَنَانٍ] ٨ الأنفال ١٢ ٤ وَأَوْرَثَكُمْ... ٥ وَأَمْوَالَهُمْ] ٣٣ الأحزاب ٢٧ ٦ فَإِذا... ٧ فِدَاءً] ٤٧ محمد ٤ ٩ اقْتُلُواْ... وَجَدتُّمُوهُمْ] ٩ التوبة ٥ ١٠ وَإِنْ... ١١ اللّهِ] ٩ التوبة ٦

في التأويل من السنة

وسن رسول الله صلى الله عليه وسلم أن «لاَ حَربَ إلاَّ بعد دعوةٍ»، و«نَهَى عن الغلولِ» و«المثلة» ، و«عن قتلِ الشيخِ الفاني والنساء والصبيان»، ورسل أهل الحرب ومن دخل منهم إلى المسلمين بأمان ما لم ينقض الرسول منهم ومن لا عندهم عهدٌ الأمان له بعدوان، وسن رسول الله صلى الله عليه وسلم أنه «يُجيرُ عَلى الْمُسلِمِين أَدنَاهُم»، وعلى المسلمين إجازة ذلك من حُرِّهم وعبدهم وذكرهم وأنثاهم، ولا صلح بين المسلمين وأهل الحرب بالموادعة من غير إذعان منهم لهم بالصغر والذلة وَالاستسلام لحكم الله بالجزية وهم صغرة إلا مع الخوف الشديد من المسلمين أن يميلوا عليهم بكثرة يخافون منها على أهل الإسلام دائرة، وقال الله تعالى ﴿وَلاَ تَهِنُوا وَلاَ تَحْزنُوا وَأَنتُمُ الأَعْلَوْنَ إن كُنتُم مُّؤْمِنِينَ﴾، وإذا وقع بينهم عهد وصلح فعلى

٥ يُجيرُ] يسعى، ا ب ٦ حُرِّهم] حرمهم، ا || وأنثاهم] ابنايهم، ب؛ إناثهم، د ٩ تعالى] -، ب

٢ لاَ...دعوةٍ] أخرجه الربيع (ر٧٩٢، ٢/٢٠٠) || ونَهَى...الغلولِ] أخرجه الربيع بمعناه فِي باب (٥٠) فِي الوعيد والأموال، (ر٦٩٤، ٢/ ١٧٨)، من طريق عبادة. ورواه بألفاظ مُختلفة، وأخرجه البخاري فِي كتاب الجهاد والسير، باب الغلول، (ر٣٠٧٣، ص٥٨٨) من طريق أبي هريرة. وأحمد والبزار والطبراني عن العرباض بن سارية، باب ما جاء في الغلول. انظر: مَجمع الزوائد: ٣٣٧/٥
٣ والمثلة[2]] حديث النَهى عن المثلة أخرجه البخاري في كتاب المظالم، باب النهي بغير إذن صاحبه (ر٢٤٧٢، د٦٧) وَفي.كتاب الذبائح والصيد (ر٥٥١٦، ٩٨٠١) من طريق عبد الله بن يزيد. وأخرجه أبو داود فِي كتاب الحدود، باب ما جاء فِي المحاربة: (ر٤٣٦٨، د٧٧)، من طريق أنس | وعن...والصبيان] أخرج الربيع عن ابن عباس، فِيمَا جَاءَ عَنْ قَتْلِ الذَّرَارِي وَالنِّسَاءِ (ر٧٩١، ١٩٩/٣). وأخرجه البخاري فِي كتاب الجهاد، باب قتل النساء والصبيان، عن ابن عمر، (ر٣٠١٥، ص٥٧٧). ومسلم فِي كتاب الجهاد والسير، باب تحريم قتل النساء والصبيان فِي الحرب، (ر١٧٤٤، ص٧٢٣). وأبو داود فِي كتاب الجهاد ، باب فِي دعاء المشركين، (ر٢٦١٤، ب٩٥) عن أنس
٥ يُجيرُ...أَدنَاهُم] أخرج الربيع مثله فِي باب (٤٥) الديات والعقل، من طريق ابن عباس، (ر٦٦٤، ١٧١/٢). وأخرجه الحاكم فِي كتاب قسم الفيء، باب يُجير عَلَى أمتى أدناهم، عن أبي هريرة، (ر٢٦٧١، د٨١). وابن ماجه فِي كتاب الديات، باب المسلمون تتكافأ دماؤهم، عن عمرو بن شعيب (ر٢٦٨٥، ب٦٢). وأحمد فِي مسند المكثرين، بلفظه من حديث طويل عن عمرو بن شعيب، ر٧٠١٢ ٩ وَلاَ[1]...مُّؤْمِنِينَ] ٣ آل عمران ١٣٩

المسلمين الوفاء به، كان إلى مدة أو غير مدة، فليس لأحد من المسلمين الزيادة عليهم فوق ما جرى عليه صلحهم، ولا صلح ما كان فيه إظهار شيء من دعوة الكفر وتشريفه في دار الإسلام، وإن عدا أهل الكفر في دار الإسلام بعدوان كان ذلك نقضاً منهم لعهدهم ورجعت به الحرب عليهم.

ثم أهل الأوثان من العرب لا سباء عليهم، ولا جزية عليهم، ولا مناكحة لهم، ولا موارثة منهم، ولا تؤكل ذبائحهم، ولا يقرّون على دينهم، وليس [لهم] إلا الإسلام أو ضرب أعناقهم، وأحلّ الله من أهل الكتاب أكل ذبائحهم، ونكاح المحصنات من نسائهم، وحرّم ذلك من المجوس وألحقهم بحكمهم في قبض الجزية منهم بسنة عن رسول الله صلى الله عليه وسلم فيهم أقرّهم بها على دينهم، فإذا جمعت هذه الأصناف من المشركين الحرب للمسلمين فلا تؤكل ذبائحهم ولا موارثة ولا مناكحة بين المسلمين وبينهم، وللمسلمين غنيمة أموالِهم وعقارهم وسبي ذراريهم، سوى العرب منهم، فإنه لا سباء فيهم بالرواية عن رسول الله صلى الله عليه وسلم أنه مرّ على هوازن فقال: «لَو كانَ تَماماً علَى أَحدٍ مِنَ العربِ سِبَاء لَتَمَّ على هَؤلاَءِ»، وردّ سباء حنين وكانت آخر غزوات السباء، وروي عن عمر بن الخطاب رحمه الله وابن المسيب وعمر بن عبد العزيز والشعبي والزهري وغيرهم أنه «لاَ رِقَّ علَى عَربِيّ»، والمعنى فيه من السباء في هذا، والسباء جاز على أهل الكتاب من العرب وعبدة الأوثان من العجم، فهذا.

١ فليس] وليس، ا ب. ٢ إظهار] -، ج || وتشريفه] شريعة، ا ب ٣ بعدوان] يعدوا ان، ا ب.
٦ يقرّون] يقروا، ا ب ج د ٨ عن] من، ا ب ١١ ذراريهم] ديارهم، ا ب ١٥ من[2]] غير، ب

٥ ثم...٧ نسائهم] أخرجه البيهقي بمعناه فِي باب الفرق بين نكاح نساء من يؤخذ منه الجزية، ٩/ ١٩٢، وهو مرسل من طريق الحسن بن مُحَمَّد ١٢ لَو...هَؤلاَءِ] رواه البيهقي فِي باب جريان الرق عَلَى الأسير وإن أسلم، (٧٣/٩)، من طريق معاذ بسند ضعيف. ورواه الطبراني بسند ضعيف فِي باب أسرى العرب عن معاذ، انظر: مجمع الزوائد: ٥/ ٣٣٢. ١٤ لاَ...عَربِيّ] رواه البيهقي فِي باب جريان الرق عَلَى الأسير وإن أسلم، (٧٣/٩)، من طريق معاذ بسند ضعيف. انظر: معجم ما استعجم، فِي الطاء والميم، ٨٩٥/٣

وأما المرتدّون في دار الحرب فحكمهم [حكم أهل الحرب في أنفسهم] وما فيها من أموالهم وذراريهم الذين ولدوا في حال ردّتهم، وكذلك إذا قامت لهم دار منعوا فيها الرجعة إلى دار الإسلام، أو كانوا مع أهل حرب المسلمين من المشركين، وقال رسول الله صلى الله عليه وسلم: «مَن بدَّلَ دِينهُ فَاقتُلُوه»، وأجمع المسلمون في تأويل ذلك على أنهم أهل الردّة إلى الشرك بعد إيمانهم، وجرت السنة ألا يقتلوا إلا بعد الاستتابة لهم، ولا حرب إلا بعد حجة يدعى بها المحاربون إلى ترك ما يحاربون عليه ما لم تكن البدأة بالقتال منهم. واختُلف في حكم المرتدّ في دار الإسلام ما لم ينصب حرباً عليهم، فقال بعضهم: قتله من الحدود، ولا يقوم به إلا الأئمة العدل فيهم. واختلف أيضاً في حكم ردّة العبد، وجرت السنة في ألا يقبل من المرتدين الأحرار من النساء والرجال إلا الإسلام أو قتلهم بعد الاستتابة لهم، وحكم ذراريّ من قُتل منهم ممن لم ينصب حرباً ولم يدخل إلى أهل الحرب انتظار بلوغهم ثم عرض الإسلام عليهم، فإن أبوه ضربت أعناقهم. وأما المحاربون بعد السلم والعهد فالسباء على من ولد من ذراريّهم في نقضهم عهدهم وانفساخ ذمتهم، من العرب كانوا أو من غيرهم، وأما من ولد منهم في حال عهدهم فلا سباء عليهم.

١ في[1]] من، ا **٤** على] -، ا **٥** لهم] -، ا **١٢** أو من] ومن، ج

٤ مَن ...فَاقتُلُوه] رواه البخاري فِي كتاب الجهاد والسير، باب لا يعذب بعذاب الله، عن ابن عباس (ر٣٠١٧، ص٥٧٧. ر٦٩٢٤). والحاكم (٤/ ٦٩٤، ر٦٣٤٩). والترمذي فِي كتاب الحدود، باب جاء فِي المرتد، من طريق ابن عباس، وقال: حديث صحيح حسن، (ر١٤٥٨، ب٥٦). والدارقطني وابن الجارود والبيهقي وغيرهم || وأجمع...٥ لهم] وهو ما روي عن عمر وعثمان وجمهور الصحابة ولم يخالف احد منهم، وهو قول مالك وأبي حنيفة، والجمهور إلاَّ الظاهرية الشافعي وطاووس فِي أحد قوليها. انظر: تفسير القرطبي: ٤٧/٣. معاني الآثار للطحاوي: ٢١٠/٣ **٥** ولا...٦ منهم] وهذا القول روي عن عمر وعثمان وجمهور الصحابة ولم يُخالف أحد منهم، وهو قول مالك وأبي حنيفة والجمهور إلاَّ الظاهرية والشافعي وطاووس فِي أحد قوليها. انظر: تفسير القرطبي: ٤٧/٣. معاني الآثار للطحاوي: ٢١٠/٣ **٨** وجرت...٩ لهم] تفصيل ذلك فِي نيل الأوطار للشوكاني فِي كتاب حد شارب الخمر، باب قتل من صرَّح بسب النَّبِيّ صلى الله عليه وسلم: ٧٧٩/٤

باب القول في الأمر بالمعروف والنهي عن المنكر

إنه عام على ضربين، فالمنكر واجب إنكاره، والأمر بالمعروف فرض فيما فرض الله فعله، ونفل فيما نفّل فعله، بدلالة العقول التي أعظم نفع ذويها بها، وقطع عذرهم بحججها، وأيضاً شهادة آيات الكتاب الحكيم في بيانها، وسنة الرسول صلى الله عليه وسلم في برهانها، وإجماع الأمة في إيمانها. فمن العقول أنه لما وجب أن يأمر الله تبارك وتعالى بما حسن فيها من معرفته بأسماء توحيده وصفات تمجيده، وينهى عما قبح فيها من الجهل به وشتمه وتكذيب رسله وكفران نعمته وظلم عباده والسعي بالفساد في أرضه، وجب على كاملي العقول بها فعل ما حسن من ذلك فيها، وترك ما ذكرنا قبحه بها. ولما كان ذلك كذلك وجب الأمر به فرضاً لازماً، ولو لم يجب ذلك في حجة عقولهم لكان مباحاً لهم. ودلّ الدليل على وجوب ذلك منهم، تعالى الله عن إباحة ذلك فيهم مع عدم العجز عنه لهم، ووجود السبيلِ إليه منهم. فصحّ بذلك وجوب الأمر والنهي في عقولهم لما وجب فيها فعل المعروف وترك المنكر منهم، ولو لم يجب ذلك لخرج فعل المعروف وترك المنكر من أن يكون واجباً، إذ كان زوال الأمر والنهي عنهما يوجب إباحتهما.

فأما الدليل على لزوم ذلك وفرضه من كتاب الله وسنة رسوله، فإن الله يقول ﴿لُعِنَ الَّذِينَ كَفَرُوا مِن بَنِي إِسْرَائِيلَ عَلَى لِسَانِ دَاوُدَ وَعِيسَى ابْنِ مَرْيَمَ ذَلِكَ بِمَا عَصَوا وَّكَانُواْ يَعْتَدُونَ. كَانُواْ لاَ يَتَنَاهَوْنَ عَن مُّنكَرٍ فَعَلُوهُ لَبِئْسَ مَا كَانُواْ يَفْعَلُونَ﴾ وقال أيضاً ﴿فَلَمَّا نَسُوا مَا ذُكِّرُوا بِهِ أَنْجَيْنَا الَّذِينَ يَنْهَوْنَ عَنِ السُّوءِ وَأَخَذْنَا الَّذِينَ ظَلَمُواْ بِعَذَابٍ بَئِيسٍ بِمَا كَانُواْ يَفْسُقُونَ﴾ فدلّ بالآية الأولى على وجوب اللعنة بترك النهي عن المنكر وأنه اعتداء ومعصية، وفي الآية الثانية وجوب النجاة من عذاب الله بالنهي عنه، فلو لم يكن فرضاً لما استحقّوا النجاة به، لأن النفل

١ القول] -، ا **٣** نفع] يقع، ا ب **٤** شهادة] -، ب || بيانها] ثباتها، ب ج **٥** حسن] أحسن، ب ج **٦** فيها] عنها، ا ب **٨** الأمر به] به الأمر، ج **١٠** فيهم] -، ج || ووجود] وجوب، ج د إليه] اليد، ا **١٢** إذ] إذا، ا **١٣** يوجب] بوجوب، ا **١٩** استحقّوا] استحق، ج || النفل] النقل، ا ب

١٤ لُعِنَ...١٦ يَفْعَلُونَ] ٦ المائدة ٧٨-٧٩ **١٦** فَلَمَّا...١٧ يَفْسُقُونَ] ٧ الأعراف ١٣٥

من الأعمال إنما ينال بها من الله الزيادة في ثوابه. وقال ﴿وَلْتَكُن مِّنكُمْ أُمَّةٌ يَدْعُونَ إِلَى الْخَيْرِ وَيَأْمُرُونَ بِالْمَعرُوف وَيَنْهَوْنَ عَنِ الْمُنكَرِ وَأُوْلَئِكَ هُمُ الْمُفْلِحُونَ﴾ فأمرهم أيضاً به وسمّاهم مفلحين بفعله، وقال ﴿مِّنْ أَهْلِ الْكِتَابِ أُمَّةٌ قَائِمَةٌ يَتْلُونَ آيَاتِ اللهِ آنَاءَ اللَّيْلِ وَهُمْ يَسْجُدُونَ. يُؤْمِنُونَ بِاللهِ وَالْيَوْمِ الآخِرِ وَيَأْمُرُونَ بِالْمَعرُوفِ وَيَنْهَوْنَ عَنِ الْمُنكَرِ وَيُسَارِعُونَ فِي الْخَيْرَاتِ وَأُوْلَئِكَ مِنَ الصَّالِحِينَ﴾ وقال أيضاً ﴿لَوْلاَ يَنْهَاهُمُ الرَّبَّانِيُّونَ وَالأَحْبَارُ عَن قَوْلِهِمُ الإِثْمَ وَأَكْلِهِمُ السُّحْتَ لَبِئْسَ مَا كَانُوا يَصْنَعُونَ﴾ وقال ﴿كُنتُمْ خَيْرَ أُمَّةٍ أُخْرِجَتْ لِلنَّاسِ تَأْمُرُونَ بِالْمَعرُوف وَتَنْهَوْنَ عَنِ الْمُنكَرِ﴾ فدل أن ذلك من أفضل الطاعات له إذ كانوا خير أمة به، وما كان من الأفضل من طاعته فواجب فرضه على عباده، وقال أيضاً ﴿وَتَعَاوَنُواْ عَلَى الْبرِّ وَالتَّقْوَى وَلاَ تَعَاوَنُواْ عَلَى الإِثْمِ وَالْعُدْوَانِ﴾ وقال ﴿ فَقَاتِلُوا الَّتِي تَبْغِي حَتَّى تَفِيءَ إِلَى أَمْرِ اللهِ﴾ فكان هذا أمراً منه لازماً للمأمور به، فكلّ هذا دليل على الفرضِ بما ذكرنا في الكتاب المبين.

وأما ما كان في ذلك من سنّة الرسول الأمين أن الأمة مجمعة على أنه صلى الله عليه وسلم أمر بالإيمان بالله، ونهى عن الشرك به، وحارب هو وأصحابه على ذلك الرادّين له عليه مع أمره في الجملة بالصلاح، ونهيه عن الفساد، والأمر للناس بذلك في دار الإسلام، وألا يدعوا منكراً فيها ظاهراً إلا أنكروه، مع ما في ذلك من الروايات المجتمع على قبولها عنه، منها أنه قال صلى الله عليه وسلم: «لَتَأمُرُنَّ بِالْمَعرُوف ولَتَنهونَّ عن الْمنكرِ أو لَيُسلِّطَنَّ اللهُ عَليكم شِرارَكم ثُمَّ يَدعو خِيارُكم فَلا يُستَجَابُ لَهم»، وأنه أخبرهم أنه أفضل ما أمروا به وندبوا إليه من أعمال البرّ بعد إيمانهم، وأنه أفضل الجهاد، وأن جميع أعمال البرّ بعد المعرفة بالله ورسوله، وأن حقاً

١ الأعمال] اعمال، ب **٨** على عباده] -، ج **١٠** فكلّ] وكل، ا ب **١٣** والأمر] ولامن، ا دار] دور، ج **١٤** فيها] بها، ج **١٥** وسلم] -، ب **١٧** وأن[2] وأنه، ا د

١ وَلْتَكُن... ٢ الْمُفْلِحُونَ] ٣ آل عمران ١٠٤ **٣** مِّنْ... ٥ الصَّالِحِينَ] ٣ آل عمران ١١٣-١١٤ **٥** لَوْلاَ... ٦ يَصْنَعُونَ] ٥ المائدة ٦٣ **٦** كُنتُم... ٧ الْمُنكَرِ] ٣ آل عمران ١١٠ **٨** وَتَعَاوَنُواْ... ٩ وَالْعُدْوَانِ] ٥ المائدة ٢ **٩** فَقَاتِلُوا... اللهِ] ٤٩ الحجرات ٩ **١٥** لَتَأمُرُنَّ... ١٦ لَهم] الحديث أخرجه أحمد بلفظ قريب في مسند الأنصار، عن حذيفة (ر٢٣٧٠١، ج٦٠). والترمذي في كتاب الفتن، باب ما جاء في الأمر بالمعروف والنهي عن المنكر (ر٢١٦٩، ج٦٠) وقال: حديث حسن من طريق حذيفة بن اليمان. وأبو داود في كتاب الملاحم، باب الأمر والنهي، (ر٤٣٣٦، د٧٣)، من طريق ابن مسعود

ما جاء به، مع الأمر بالمعروف والنهي عن المنكر كتفلة في بحر لجي، وخوّفهم في تركه أن يعمّهم الله بالعذاب الشديد من عنده. وأجمعت العلماء أن من سنته الأخذ على أيدي السفهاء، ومنع المعتدين من الظلم والاعتداء، وأن من ترك أن يمنع من ذلك وهو يجد إليه سبيلاً حتى عصي الله بالعدوان والظلم لعباده أنه شريك للظالم في ظلمه والمعتدي في عدوانه وظلمه وإثمه. وروي أن أبا بكر الصديق عليه السلام قال في خطبة له خطبها: «يا أَيُّهَا الناس، إِنَّكُم تقرأون هذه الآيَةَ وتتأوَّلُونَهَا على غير تأويلها ﴿يَا أَيُّهَا الَّذِينَ آمَنُواْ عَلَيْكُمْ أَنفُسَكُمْ لاَ يَضُرُّكُم مَّن ضَلَّ إِذَا اهْتَدَيْتُمْ﴾ وإنِّي سَمعتُ رسولَ اللهِ صلى الله عليه وسلم يقول «مَا مِن قَومٍ عَمِلُوا بِالْمَعَاصِي ومَعَهُم مَن يَقدِرُ أَن يُنكِرَ عَلَيهِم فَلَم يَفعَل إلاَّ أَن يُوشِكَ أن يَعمّهُم الله بِعذَابٍ مِن عِندهِ»، وفي ذلك روايات كثيرة عنه صلى الله عليه وسلم يؤكّد فيها وجوب الأمر بالمعروف والنهي عن المنكر على أمته.

وأيضاً من الإجماع إطباق الأمة على أن للأئمة وأمرائهم الدعاء بالعدل لهم أن يقوموا بالأمر بالمعروف والنهي عن المنكر بإنصاف مظلوميهم، والأخذ على أيدي ظالميهم، ومنع أهل الفساد عن فسادهم وعصيانهم لربهم، وأن يعاقبوا من ظفروا به منهم على قدر استحقاقهم، وعلى المؤمنين الشدّ في ذلك على أعضاد أئمّتهم وأمرائهم والإعانة لهم، وأن يقوموا به معهم على ما أمرهم الله به من الحكم في العاصين له مع الطاعة للأئمة والمناصحة لهم والنفوذ لأمرهم ما لم يَعصوا الله ربهم، ويتركوا حكم الله فيهم إلى حكم أهوائهم. فهذا بيان فرضِ الأمر بالمعروف والنهي عن المنكر، وأن تاركهما مع غير عجز ولا تقية وأن يكفيه ذلك غيره عاصٍ لله ورسوله بِحكم الكتاب والسنة وإجماع الأمة، ومن العقول التي جعلها الله حجة لهم وأعظم بها المنة، ذلك هدًى من الله يهدي به من يشاء إلى صراط مستقيم.

٢ يعمّهم] يعمم، ا ٦ وتتأوَّلُونَهَا] وتتلونها، ب ١٢ أيدي] يد، ا ب ج د ١٣ منهم] -، ب ١٤ في ذلك] -، ا ١٧ تاركهما] تاركها، ب ج ١٨ وإجماع] أو إجماع، ج || المنة] أئمته، ب ج

٦ يَا ... ٧ اهْتَدَيْتُمْ] ٥ المائدة ١٠٥ ٧ مَا ... ٩ عِندهِ] أخرجه الترمذي في كتاب الفتن، باب ما جاء في نزول العذاب إذا لم يغير المنكر، عن قيس بن أبي حازم، (ر٢١٦٩٨، ج٦٠). وَفي كتاب تفسير القُرْآن (ر٣٠٥٧، د٨٧) وقال: حديث حسن صحيح. وابن ماجة في كتاب الفتن، باب الأمر بالمعروف والنهي عن المنكر، (ر٤٠٠٥، د٣٠). وأبو داود في كتاب الملاحم، باب الأمر والنهي، ر٤٣٣٨، د٧٣

ثم إنه قد يختلف الإنكار لعلة اختلاف المنكرات وأحوال المنكرين لَها في الإمكان لهم، فأما ما يختلف فيه من المنكرات، فالقتال والقتل للكفار، ونصب الحرب عليهم إلى أن ينزلوا إلى حكم الإسلام فيهم، وكذلك أهل البغي إلى ترك بغيهم. وأما أهل الأحداث فعلى ما تراه الأئمة وأمراؤهم عليهم من حبسهم وتقييدهم وتعزيرهم على قدر الأحداث في عظمها ومبلغ صحتها ومقدار التهمة بها في تأكيدها، وأما الحدود فلا تتجاوز إقامتها على أهلها، وأما الحقوق التي يطالب الناس بها فهو أن يحبس من وجبت عليه منهم إلى أن يخرجوا مما لزمهم منها أو يجب لهم عذر فيها، وأما ما يجوز أن يكون صغيراً من معاصيهم فالزجر لهم عنها والوعظ لهم فيها والاستتابة لهم منها، فإن أصرّوا عليها ومنعوا التوبة منها عوقبوا عليها إلى أن يرجعوا عنها. وأما الإنكار في قدر الإمكان فأقلّ ذلك الكراهية للمنكر من أهله، وكذلك المعروف الإرادة له ممن يجب ذلك عليه، فإذا أظهر هذه الكراهية وهذه الإرادة له قامتا مقام المخاطبة بذلك، لأنه ليس في الخطاب أكثر من الإعلام الذي يقع به مع الظهور، إلا أن يكون معه أنه [إن] خاطب بذلك قبل منه، فإنه يجب المخاطبة عليه.

وبعد هذا، فلجملة الأمر بالمعروف والنهي عن المنكر أقسام، منها ما يجب على الكافّة مقدار الطاقة، ومنها ما يجب على أئمة العدل وأمرائهم دون العامة، وليس ذلك للعامة دون الأئمة إلا بالموعظة والتخويف لعقاب الله. فأما ما كان على الكافة من ذلك، أمرتهم الأئمة أم لم تأمرهم به، فإغاثة المستغيثين من الظالمين لهم في أنفسهم وحرمهم وولدانهم واغتصاب أموالهم وإخافة سبلهم حتى يحولوا بينهم وبين ظالميهم، فذلك ما لم يكن على سبيل ما يتحاكم الناس فيه إلى سلطانهم، ويتداعون فيه إلى قضاتهم بالدعوى له منهم. فإن لم يستحيلوا به لهم عن ظلمهم بدون الجهاد لهم من الإنكار عليهم، وكانت فيهم أئمة عدل أو أحد من ولاتهم وأمرائهم بحضرتهم رفعوا ذلك إليهم حتى يمضوا في ذلك إليهم لأمرهم، ويلي الأئمة وأمراؤهم عقابهم بما يستحقّونه في العدل معهم، فإن لم يكن أحد من الأئمة والأمراء بحضرتهم ولم يمتنعوا لهم عن ظلمهم إلا بجهادهم كان ذلك لهم، فإن امتنعوا بجبرهم إياهم ولم يأمنوا معاودتهم لذلك فيهم كان الاستئناف منهم إلى أن يأمنوا معاودتهم، لا على سبيل العقاب لهم، لأن ذلك إنما ائتمن عليه

٤ الأئمة] الأمة، ا د **٦** وجبت] وجب، ا **٧** فالزجر] والزجر، ا **٩** ممن] فمن، ج **١٠** ذلك] في ذلك، ا || له] -، ب **١٥** أمرتهم] + به، ا || أم] أو، ا **١٨** قضاتهم] فقهائهم، ب ج **٢١** من] منهم، ا ب ج د **٢٣** معاودتهم] معاودة، ب

أئمة العدل وأمراؤهم. فهذا ضرب من الإنكار الذي وصفنا يلزم كافة أهل الصلاة، وجائز الاستعانة عليه بالسلطان الظالم منهم، لأنهم جميعاً داخلون في الأمر بالقيام به لهم ما لم يجد السبيل إلى منع ذلك بغيره ولم يكن متعارفاً منه الظلم في ذلك بمثل ما استعان به عليه أو أكثر منه، وهذا إنكار واجب وإن لم يأمر أحد من السلطانِ به، لأنه لم يخرجه من عمومِ الأمر به لهم بآيات الكتاب حجّة ولا بيان في السنة، فكان واجباً لما ذكرناه من حجج عقولهم فعله.

فهذا، وأما ما أئمة العدل وأمراؤهم مخصوصون بالقيام به، وإنما على الرعية إنكاره بالموعظة، فهو نحو ما يتحاكم الناس فيه إلى سلطانهم ويطالبونه بالدعوى منهم له من بعضهم على بعض حتى يخرجوا مما يلزم بعضهم لبعض بالتأديب والحبس الوثيق. وأيضاً، ما يكون الناس بفعله لأنفسهم ظالمين مما تعبدوا به خاصاً لهم كإضاعتهم لصلاتهم وصيامهم ونحو ذلك من فرض ربهم عليهم وركوب محارمه التي عنها زجرهم التهمة لأهلها بها في مواضع الريب منها. فهذا ونحوه ما على الأئمة وأمرائهم إنكاره عليهم بالعقاب لهم عليه بما هو أزجر لهم عنه وأدعى لهم إلى التوبة منهم، لا لينزجر عنه غيرهم بالزيادة في عقابهم. وأيضاً، إقامة حدود الله عليهم فيمن كانت عليه منهم بحكم الله، لا يبرئه منها الجهل بحرمة ما واقعه ما لم يخرج من الإقرار الذي به ثبتت له الأحكام إلى الإنكار لها، والكفر بما أنزل الله منها، لأن أهل الإقرار [ثبتت لهم] الحقوق به والحدود فيه، ولا يقوم بها إلا أئمة العدل وأمراؤهم.

وعليهم إنكارُ سائر المنكرات نحو نوح النائحة، والرنّة على المصيبة، والهيط عند النغمة، بالنهي لذلك عن رسول الله صلى الله عليه وسلم، [و]نحو أخذ أهل الذمّة بما يتركونه من

٢ بالقيام] العام، ا ب ٣ ولم] ما لم، ج ٤ أكثر] اكبر، ا || يأمر] يأمن، ج || من[1]] في، ا ٧ إلى سلطانهم] -، ب ج || ويطالبونه] ويتطالبونه، ب ج || من] في، ا ٨ على] إلى، ا ٩ وصيامهم] وزكواتهم وركوعهم، ب ج ١١ أزجر] زجر، ج ١٢ عنه] عنهم، ج ١٣ كانت] كان، ج || منها] منه، ب ج ١٤ الله] -، ب ج ١٥ أئمة] الأئمة، ج ١٦ والهيط] الهيص، ا ب ج د

١٦ وعليهم ...النغمة] أخرجه الربيع: باب (٤١) فِي المحرمات (ر٦٣٦، ٢/ ١٦٤) مِنْ طَرِيقِ ابْنِ عَبَّاسٍ. وأخرجه البخاري بمعناه فِي كتاب التفسير، باب ﴿إِذَا جاءك المؤمنات يبايعنك﴾ (ر٤٨٩٢، ص٩٦٢)

الزيّ والهيئة التي أبانهم المسلمون بها منهم وجرت به السنة فيهم، وكذلك النهي عن زيّهم وهيئات أهل السفه والجهل من الخيلاء في مشيهم، وإرخاء الأزر على أقدامهم، والشعور بلا فرق على ظهورهم، والطرر على أقفائهم ووجوههم، وإطالة شواربهم، وقصّ لحاهم، وتشبّه النساء بالرجال والرجال بالنساء منهم في هيئاتهم ولباسهم وزيّهم، وما هو قبيح من المسلمين فيما بينهم مثل إتيان النساء، وبيع الأنبذة في أسواقهم وعلى طرقهم، وأيضاً حمل السفهاء السلاح في مدنهم، والغش في سلعهم وصناعاتهم ومكاييلهم وموازينهم، والتطفيف فيها وما جاء عن رسولِ الله صلى الله عليه وسلم من النهي في بيوعهم وبيع الغصوب وقبضها، وما فيه الضرر بينهم في أوديتهم وحدود أرضهم وغرسِ نخلهم وشجرهم ومنازلهم ودوابّهم، وكلّ ما فيه الضرر بينهم. قال النبي صلى الله عليه وسلم: «لا ضَرَرَ في الإسلامِ ولاَ إضرَار»، وكذلك الأذى لبعضهم بعضاً بأقاويلهم وأفاعيلهم، وما يتولد الأذى عنهم مثل روائح الكنف وإشراعها في طرقِ المسلمين وتغطية جوها، وتوعيث السكك فيها، وكذلك ما يجلب من الخمور والخنازير إلى أرض المسلمين، وما يحمل من السلاح والكراع والمسلمات من أرضهم إلى أهل حربهم من المشركين، فكلّ ما تراه الأئمة والأمراء صلاحاً للمسلمين عامةً من منع احتكار

٣ أقفائهم] اقفيائهم، ا **٧** الغصوب] المغصوب، ا **١٠** عنهم] عنه، ب || الكنف] الكنيف، ب
١١ السكك] المسلك، ا

١ وكذلك... ٢ مشيهم] انظر ما أخرجه الربيع، فِي بَاب (٤٥) فِي الثِّيَابِ وَالصَّلاَةِ فِيهَا وَمَا يُسْتَحَبُّ مِنْ ذَلِكَ (ر٢٧٥، ١/ ٧٢). والبخاري فِي كتاب اللباس، باب من جر ثوبه من الخيلاء، (ر٥٧٨٤، ١٣٢١)، عن ابن عمر. ومسلم فِي كتاب اللباس والزينة، باب تحريم جر الثوب خيلاء، (ر٢٠٨٥، ص٨٦٤) من طريق ابن عمر **٣** وإطالة... لحاهم] أخرجه الربيع فِي بَاب (٥٤) أَدَب الْمُؤْمِنِ فِي نَفْسِهِ وَالسُّنَنِ، من طريق أبي سعيد وأبي هريرة، ر٧١٨سقط ٧١٩، ٢/ ١٨٣ || وتشبّه... ٤ وزيّهم] فِي التشبه بهم انظر ما أخرجه البخاري فِي كتاب اللباس، باب المتشبهين بالنساء والمتشبهات بالرجال، من طريق ابن عباس (ر٥٨٨٥، ١٤٧١). وابن ماجة فِي كتاب النكاح، باب المخنثين، (ر١٩٠٤، ب٧٠) **٩** لا... إضرَار] رواه البيهقي فِي باب لا ضرر ولا ضرار، من طريق أبي سعيد، (ر١١١٦٦.، ٦/ ٦٩). وابن ماجة فِي كتاب.الأحكام، باب من بنى فِي حقه ما يضر بجاره، ر٢٣٤٠، ب٥٢، من طريق عبادة بن الصامت وابن عباس. وأحمد ٥/ ٣٢٦

الأطعمة وحملها عن أرضهم عند الحاجة إليها منهم، وما يعود للمسلمين بتعزيز دولتهم وكسر شوكة أهل حربهم عنهم، فمسوغ ذلك لهم.

وعليهم إطفاء البدع من شريعتهم وإنكار ما أحدث من الكنائس والبيع وبيوت النيران في أرضهم، ونحو ذلك من المنكراتِ، وعقاب أهلها بما ينزجرون به عنها ويدعوهم إلى التوبة منها، وعلى عوامّ المسلمين مع عدم أئمتهم وأمرائهم إنكار ما ظهر لهم من ذلك بالموعظة الحسنة. وأما ما كان من المنكرات أذى للمسلمين وظلماً لهم في ذلك نحو ما يدعو إليه أهل المذاهب من الضلال عن سواء السبيل، ونحو ما يتلهّى به من الغناء، وضرب الطنابير والعيدان، وضرب المزامير في طرقهم ومساجدهم وأسواقهم، وأيضاً، فما يحدث فيها عليهم ما هو أذى لهم، وكذلك اجتماع أهلِ الشراب عليه في منازلهم والفجور فيها ببعضهم بعضاً؛ لأن ذلك ظلم منهم لبعضهم بعضا به، فإنكار ذلك يكون بالجبر لهم على تركه والهجوم عليهم في منازلهم بإنكاره ما لم ينزجروا عن ذلك بما ذكرناه من الموعظة، فإن لم يمتنعوا من ذلك إلا بِحبسهم عنه جاز لهم حبسهم، لا على جهة العقاب لهم.

وأما ما لم يتّصل من المنكرات بأذى للمسلمين فبالوعظ لهم إنكاره عليهم مع عدم أئمتهم، فإذا حضرت الأئِمة والأمراء رفع ذلك إليهم وكان لهم إنكاره بما يرونه من الهجوم عليهم والعقاب لهم وكسرِ هذه الملاهي وإبطالها عن حال ما يتلهون به منها، وإن لَم يكن في ذلك الأذى الذي وصفناه، وللرعيّة أيضاً كسر هذه الملاهي مع الأذى لهم بها مع عدم إمامهم، وكذلك صبّ الحرام من شرابهم. ومِن المنكراتِ بيع الملاهي التي لا تصلح إلا لتلهي البالغين بها ويجب إبطالها عن حال ما يُتلهَى به منها، وإن وجدت مع أطفال أهل الصلاة، وكذلك صبّ الخمر من أيديهم. أما أهل الذمة فلا يتعرّض لذلك معهم إلا ما آذوا به المسلمين بين ظهرانيهم، وليس للرعية في إنكارها بغير رأي أمرائها ضرب أحد من أهل المنكرات إلا ما لم يمتنع من المنكر الذي وصفناه إلا به، وكلّ ممتنع بِما يجب إنكاره عليه بقتال المنكرين فهو حرب لهم.

٣ وعليهم] وعليها، ب ج || أحدث] حدث، ا **٦** نحو] ونحو، ج || من[2]] إلى، ا ب ج د **٩** والفجور] والقحمة، ا || بعضاً] بعض، ا **١٢** حبسهم] -، ا || لا] إلا، ج **١٣** للمسلمين] المسلمين، ج || عليهم] + والعقاب لهم، ا **١٤** لهم...يرونه] لها إنكاره بما تراه، ا **١٦** إمامهم] إمامها، ج **١٨** حال] حالها، ا ب ج د **١٩** أما] فأما، ا **٢١** إلا] -، ا

باب القول في حرب أهل البغي

قال الله تبارك وتعالى ﴿وَإِن طَائِفَتَانِ مِنَ الْمُؤْمِنِينَ اقْتَتَلُوا فَأَصْلِحُوا بَيْنَهُمَا فَإِن بَغَتْ إِحْدَاهُمَا عَلَى الأُخْرَى فَقَاتِلُوا الَّتِي تَبْغِي حَتَّى تَفِيءَ إِلَى أَمْرِ اللَّهِ﴾ فكانت الآية في مخرجها وظاهر بيانها عامة في الأمر فيما وقعت عليه إلا ما خصته حجة أو منعت منه سنة. ولما كان الأمر عاماً كان الحكم به لازماً فيما اشتملته الآية بعمومها ودخل فيه من معانيها كلّها إلى أن يقوم في ذلك ما يخصه منها بحجة يجب ذلك بها. وإنما كان ذلك القتال كله وما يقاتل به داخلاً في الأمر لكافّة المؤمنين به، ولم يجب زواله عنهم إلا بحجة تمنعهم ما وجب من ذلك عليهم. ولما كان القتل يجب مع أشدّ القتال، وكان ابتداء القتال داخلاً في الأمر لدخول كلّ الأمر فيه، صحّ الأمر بالقتل الذي يجب مع وجوب أشدّ القتال، ولما كان غير مأمور وجوبه مع وجوب القتال المأمور به كان ذلك إباحة له، كما يقول من يقول فيمن تلفت نفسه في الاقتصاص منه أن لا تبعة على المقتصّ بحقّه، وكذلك فيما يقام من حدود الله على خلقه، وفي الاقتصاص سنن تمنع منه، منها وجود المقتص به. ولما لم يكن في الأمر بالقتال خصوص بيد دون عصا ولا دون سلاح، ولا سلاح دون سلاح، دخل في ذلك كلّ ما يقاتل به مما كان معروفاً به قتال الناس في حروبهم ما لم يمتنع المقاتل دونه مما يقاتل على الامتناع فيه مع ما جرت به السنة، وكان المعروف في تأويل الآية مع الأمة أن قتال الفئة الباغية بما كان القتال به بينهم في حروبهم. وأيضاً، فلو كان هذا القتال المأمور به بغير سلاح لمن يقاتلهم بالسلاح لم يكن في هذا الأمر به لهم إلا إتلاف أنفسهم وإباحة البغاة منهم.

ولما دخل المؤمنون جميعاً في الأمر بقتال الفئة الباغية وإنكار هذا المنكر العام لهم الأمر به بآيات الكتاب المبين، إلا من أخرجته من ذلك سنة الرسول الأمين، كان ذلك لازماً لهم ولم

٢ تبارك وتعالى] تعالى، ا ج د   ٣ في...بيانها] ظاهر مخرجها بنائها، ا   ٤ خصته] خصت، ا
٥ إلى] -، ا ج د   ٦ يخصه] يخص، ا || ذلك[2]] + كذلك، ا ب ج   ٨ القتال[2]] بالقتال، ا
٩ بالقتل] القتال، ا || مأمور] مأمون، ج   ١٢ وجود] وجوب، ا ب ج د || المقتص] + منها، ا ب ج د || في الأمر] فالأمر، ج || خصوص] مخصوص، ج   ١٤ المقاتل] القاتل، ا   ١٥ بما] ما، ا ج
١٦ لمن] لم، ا ب ج   ١٩ من[1]] ما، ا

٢ وَإِن ... ٣ اللَّهِ] ٤٩ الحجرات ٩

يجب زواله عنهم لعدم إمامهم أو بغيبة بعضهم، فهذا الفعل بهم عام، وإنكار هذا المنكر واجب على جميعهم مع لزوم ذلك لهم من حجج عقولهم، فلا زوال لذلك عنهم إلا من جاءت السنة بعذره من العبيد والأطفال والنساء والصبيان والزمناء والعميان والمرضى منهم، فهذا ما يجب فعله على المؤمنين المصدّقين بالشهادتين، وغير منهي عنه من أعانهم عليه من أهل ذمّتهم، ومن ذكرنا عذره في لزوم ذلك منهم، ودخل في الأمر به الفساق من أهل قبلتهم، كانوا لهذا البغي محرمين على أنفسهم أو مستحلّين له في دينهم، مع إمام لهم في بغيهم أو بغير إمام لهم. فإن كان للمسلمين إمام أو تهيّأ لهم إقامة إمام فعلوا ذلك وكانوا معه في ذلك على ما أمرهم الله به، وإن عدموا الإمام ولم يتهيّأ لهم إقامة الإمام وتهيّأ لهم من العدد والآلات ما قد يجوز أن يكون لهم الدائرة على عدوّهم في منعهم إياهم من التغلّب عليهم والظلم لهم [وجب قتالهم عليهم] ولو كانوا أقلّ عدداً وآلة منهم، لأن الله قد أوجب عليهم محاربة مثلَي عدوّهم بقوله ﴿فَإِن يَكُن مِّنكُم مِّئَةٌ صَابِرَةٌ يَغْلِبُواْ مِئَتَيْنِ﴾ فهذا إذا اتّفق اجتماعهم، وأما إذا لم يتّفق لهم ذلك ولم يطمعوا مع تفرّقهم بمنع البغاة عن ظلمهم وبغيهم لم يجب عليهم أن يحاربوهم إذا لم يكن في ذلك إلا قتل أنفسهم، وإباحة الباغين ذلك منهم، أو عدموا الآلة التي بها يقاتلونهم.

فليس يجب عليهم ما ليس فيه وبه إلا إتلاف أنفسهم دون منع الظالمين عن ظلمهم. إذا لم يكن بذلك كان الأمر لهم، وإنما توقف على ذلك من واجههم ما لم تجر به عادة في غلبة بينهم. فأما إذا كانوا على رجاء مادة ومعونة لهم التمسوا ذلك حتى تصلح ذات بينهم بأمر الله لهم. ولا يجب عليهم الاجتماع مع عجزهم عنه وبجهل بعضهم بعضاً مع تفاوت ديارهم وتباعد نواحيهم. وأما إذا تقاربت ديارهم وعرف بعضهم بعضاً تراسلوا وتواعدوا للاجتماع في موضع واحد للقيام بأمر الله لهم مما قد ألزمهم ما لم يخافوا معاجلة عدوّهم قبل الاجتماع منهم بإتلاف أنفسهم دون ما يرجون به إزالة بغيه عنهم، وعليهم التداعي والتراسل والعزم من كلّ واحد منهم على أنه متى

٥ عذره] عدد، ا ب || كانوا ... ٦ محرمين] كان هذا البغي محرّمين له، ا ب ج د ٩ من التغلّب] والتغلب، ا ب ج ١١ مِّئَةٌ صَابِرَةٌ] عشرون صابرون، ا ب ج د || ذلك] + لهم، ا ب ج ١٤ إتلاف] قتل، ج ١٥ واجههم] وجهة، ا ب ج د || لم] + يعلم، ا ١٦ رجاء] ارجاء، ج بأمر] وأمر، ا، ج ١٧ بعضاً] بعض، ب، ج || ديارهم] دارهم، ب، ج ١٨ تقاربت] + في، ب | ديارهم] دارهم، ب، ج || بأمر] لامر، ا ٢٠ بغيه] بغيهم، ا

١٠ فَإِن ... ١١ مِئَتَيْنِ] ٨ الأنفال ٦٦

وجد قوماً يجب بمثلهم قتال الفئة الباغية أن له أن يخرج إليهم ليعينهم عليهم، ومتى عرف منهم الاجتماع والتداعي لذلك فلا محالة أنه عاصٍ لربّه من لم يحرص ويعزم على الاجتماع والدعاء إليه منه، لأنه شيء هم مكلَّفون فعله بالاجتماع الذي يقوم به ولا يقوم بدون ذلك منهم، فمن حرص منهم على الاجتماع ودعا إليه فهو ما لزمه، ومن لم يحرص منهم على فعل ذلك مع الإمكان الذي وصفناه من التعارف والتراسل والآلات فهو عاصٍ لربّه بترك إظهار الحرص على ذلك بالدعاء إليه مع رجائه في أنه إن دعا إلى ذلك أُجيب إليه، وقد أرجو أنه لا يأثم بترك الدعاء إلى ذلك مع إياسه من الإجابة له ما كان عزمه على الدعاء متى طمع بالإجابة له إليه، ولا يلزم في ذلك المعصية للهِ ما لم يظهر منه الزهد في القيامِ بذلك لِما وصفنا.

فأما إن قام من المسلمين من قد يجوز منهم منع البغاة عن بغيهم إن أعانهم بالأسباب التي ذكرنا، فلم يعنهم مع إمكان ذلك له وحاجتهم إليه أو دعا إلى ما فيه تخاذلهم عن عدوّهم، فهذا عاصٍ لله، وإن جاز عندنا أن ترك إظهار الحرص منه على اجتماع المسلمين وترك الدعاء إليه لإياسه من الإجابة له وللخوف أو لتقصير من الناس وزهد في القيام، فلم يجز لنا القضاء مع ذلك عليه بالمعصية لربّه والخلع بها له. ومما نرجو أن يكون صواباً وجوب العذر في ترك الدعاء مع الإياس مع قيام حجة الاجتماع على الإياس في حرب البغاة أن ذلك عليهم، ولو وجب الدعاء إلى الطاعة من قد قامت الحجة عليه بها مع الإياس من قبولهم لها لوجب ألا يسكت أحد في وقت من الأوقات عن الدعاء إلى ذلك، أهل الذمة وغيرهم، ولا اشتغال بغير ذلك منها ما كانوا بحضرته وإن أيس من قبولهم. وهذا ما لا يوجبه عقل، والإجماع يوجب من وجوبه لذلك الامتناع عن حرب البغاة إذا وقع الإياس في قبولهم. فأما من خاف أن يتوهم أحد من المسلمين عليه ترك الدعاء إلى الاجتماع على حرب البغاة وإنكار ظلمهم وعدوانهم بغير الإياسِ من قبولهم أظهر ذلك لهم ولم يبحهم التهمة بترك الدعاء إلى فعل ما أوجب الله

١ ليعينهم عليهم] لبغيهم عليه، ج **٢** فلا] بلا، ا ب ج || محالة] محالفة، ا ب **٣** لأنه] لا بد، ا بالاجتماع] فالاجتماع، ا ب ج د **٦** إن] -، ج || إليه[2]] -، ج **٧** له[1]] -، ج **٩** قام] أقام، ا ب ج **١١** جاز] خان، ب || اجتماع] الاجتماع، ا ب **١٢** لتقصير] التقصير، ا ب **١٣** نرجو] يرجوا، ا ب **١٥** قبولهم] قبوله، ا ج **١٦** عن] على، ب || اشتغال] الاشتغال، ا ب ج **١٧** والإجماع] والاجتماع، ا ب ج **١٨** عن] على، ب ج **١٩** ترك] بترك، ا ب ج || وإنكار] وإن كان، ج || وعدوانهم] -، ا ج د **٢٠** يبحهم] تنجهم، ا ب

فعله عليهم الذي لا يقع إلا بالاجتماع على فعله منهم. فهذا، ولتجويز المسلمين العذر لبعضِهم بعضاً من رجاء القاعدين للخارجين كفاية ذلك إياهم وبِما وصفنا من الأسباب التي يجب بها عذرهم ما تولى الخارجون القاعدين [له] منهم، لا لأنهم لا تجب عليهم المعاونة لهم، ولو كان ذلك كذلك لوجب العذر لكلّ منهم ولسقط فرض جهاد الباغين عنهم والإنكار عليهم.

وبعد ذلك، فلفقهاء المسلمين أقاويل متقدِّمة في حرب الباغين وأئمة الضالّين يفسر الثاني قول الأول منهم ويتأول فيما كان مجملاً منها عنهم ويختار أحد أقاويلهم ويشبّه الحادث في ذلك بأحد أصولهم. من ذلك أن قالوا: لا سبيل على أموالهم، ولا يقتل أسيرهم، ولا يتبع مدبرهم، ولا يجهز على جريحهم، ولا يبيَّتون في ديارهم، نحو ما قالوا: إن الأمر بالمعروف والنهي عن المنكر فريضتان، ففسّر أهل العلمِ منهم أنه فرض فيما فعله فرض عليهم ونفل فيما فعله نفل لهم. فأما النهي عن المنكر الكبير ففرض على من مكن منه بغير تقية فيه، أو أن يقوم بذلك من يكفيه. فأما القول بأن لا سبيل على أموالِ الباغين فهو كذلك ما لم يكن ذلك لهم آلة حربهم للمسلمين، أو معونة لهم على بغيهم عليهم، فذلك ما للمسلمين أن يحوزوه دونهم ويحبسوه عنهم إلى زوال بغيهم، ثم هو ردّ عليهم أو على ورثتهم، وما كان من ذلك آلة تصلح لحربهم بها فقد قال بعض المسلمين أن للمسلمين أن يحاربوهم [بها] وأن ما تلف في الحرب منها فلا غرم عليهم فيها، وقد قيل بغرمِها، وإن سلمت فلا كراء لها. وأما ما سخره المسلمون من ركاب الرعية وسلاحهم لحربِهم بغير إذنهم فالكراء لذلك، وما تلف فغرمه عليهم في بيوت أموالهم إن كان لهم إمام ومال، وإن لم يكن ذلك فهو على من أخذ منهم.

وإذا بطش الباغون بظلمِ العامة وتواترت الأخبار ببغي جملتهم فقصد المسلمون لحربِهم بعد إقامة الحجة عليهم، والحجة بثقتين أو أحدهما يلقيان قائد البغاة فيعلمانه أنهما رسولا الرعية إليه أو يقولان ذلك عن أنفسهما أن يُمسك عن جبايتهم ويأمر بذلك فيهم، وأن يعتزل الإمرة

١ العذر] -، ب ٢ بعضاً] بعض، ا ب ج || وبِما] بما، ا ج ٣ لأنهم] لأنه، ا ٤ العذر] العدل، ا ب ج د ٦ ويتأول] تأويل، ا ب ج || أحد] احد، ا ب ج د ٧ بأحد] أن يأخذ، ا ب ج د
٨ يجهز] يجاز، ا ب ج د || يبيَّتون] بيتوا، ا؛ يبيت، ب؛ يستوي، ج ٩ فعله[2] -، ا ج د
١٠ عن] على، ا ب ج د || على...مكن] على ما كان، ب؛ عليهم ومكن، ا ج ١٢ عنهم] عليهم، ا
١٣ أو على] وعلى، ا || من] في، ا ب ج د ١٤ وأن] أما، ج ١٥ وأما] فأما، ج
١٨ وتواترت] + به، ا ب ج د ١٩ بثقتين] تفسيرا، ا ب ٢٠ جبايتهم] جنايتهم، ا

عليهم، فإنه بذلك ظالم لهم وباغٍ عليهم، وأنهم يحاربونه على ذلك بأمر الله إياهم، وأنهم لا أجل لهم في ذلك عندهم. فإن لم يأمنوه على رسلهم إليهم اعترضوا لأعوانه في حدّ ما يظلمون فيه الرعية فحالوا بينهم وبينه، فإذا كانت البدأة منهم نابذوهم الحرب أو يرجعوا إليهم بأجمعهم، فإن مكّنوهم من إقامة الحجة دعوهم إلى الفيئة عن بغيهم، فإن شهروا السلاح عليهم حاربوهم بأمر الله صابرين، والعاقبة للمتقين.

وإذا قامت الحجّة على الباغين وشهرت فيهم قصد المسلمون حينئذ بالحرب إلى مجامعهم وفرقهم بكلّ ما لا يطمع المسلمون بكفاية بغيهم إلا بذلك من الحرب لهم، نحو رميهم وتغريقهم وتحريقهم وهدم حصونهم وقطع الموادّ عنهم، وحبس المياه والأطعمة والحمولة أن يصل شيء من ذلك إليهم، كان لهم أو لغيرهم، إلى أن يفيئوا إلى أمر الله إياهم، وقد قيل: إن ما كان بحضرة الباغين بعد نصب المسلمين الحرب عليهم من آلة الحرب، ولم يصل المسلمون إلى منعهم منها إلا بإتلافها عن حال ما يصلح لمحاربتهم بها، كان ذلك لهم ولا غرم في ذلك عليهم، وكذلك ما تلف لهم في المحاربة مما يلبسونه ويركبونه ويستعملونه فيهم لحرب المسلمين، لا غرم في ذلك عليهم.

وللمسلمين بيات عسكر البغاة الذين قدمنا صفتهم في إقامة الحجة عليهم مع بطشهم بسفك دماء المسلمين وخبطهم بالسيوف، قصداً في بياتهم إلى الباغين بذلك عليهم. فهذا، وإن لم يكن من بغيهم غير ما يستحلّونه من جبايتهم الحرام إياهم، وكان فيهم من ليس بحرب من الحرم والأطفال وغيرهم، أقام المسلمون الحجة عليهم، ثم لم يقتلوا في بياتهم إلا من قاتل منهم. وعن أبي عبد الله في جواب منه: وأما ما ذكرته من إجازة البيات فإذا لم يكن معهم من ليس

٢ لهم] له، د || فإن] وإن، ا **٤** مكّنوهم] امكنوهم، ب || الفيئة] الفئة، ج **٥** صابرين] صابرون، ا ب ج **٧** إلا] أنها، ا **١٢** في[2]] فِيه، ا ب ج د **١٤** صفتهم] وصفهم، ا ج **١٥** بذلك] لذلك، ا ب ج د

١٨ أبي عبد الله] هو مُحَمَّد بن محبوب بن الرحيل بن سيف بن هبيرة المخزومي القرشي، المشهور بأبي عبد الله (ت: ٢٦٠هـ): عالم فقيه أصولي مجتهد من أسرة عريقة فِي العلم والفضل. أخذ عن أبي صفرة وموسى بن علي. وأخذ عنه ابناه عبد الله وبشير، وعزان بن الصقر، وأبو المؤثر. قدم صحار سنة ٢٤٩هـ وولي القضاء بها سنة ٢٥١هـ للإمام الصلت، وتوفي بها. انظر: البطاشي: إتحاف الأعيان/ ١٩٢. بابزيز: الإمام مُحَمَّد بن محبوب حياته وآثار

بحرب من الأسارى ونحوهم. فهذا، وإنما يكون لهم بياتهم في الأمرين جميعاً إذا كان عندهم أنهم إن لم يفعلوا ذلك لم يظفروا بهم [و]كان الظفر لهم.

وإن كان في عسكر الباغين أسارى من المسلمين، وخاف المسلمون استئصال الباغين لعسكرهم، كان على كافّة المسلمين إعانتهم عليهم ولهم الاستعانة بأهل عهدهم ومن قد أمن عندهم من أهل حربهم ما كان المسلمون القاهرين لهم والحكّام عليهم، وللمسلمين عند ذلك حصار هؤلاء الباغين وقطع المواد عنهم، وديات من هلك بذلك من أسارى المسلمين عندهم في بيوتِ أموالِهم، نحو ما قيل به في خطاء أئمة المسلمين وحكّامهم. وقد قيل بقطع الموادّ عنهم ما لم يرج المسلمون إزالة بغيهم بدون ذلك من الفعل بهم وإن كان في عسكرهم من ليس بحرب لهم من تجّارهم وأطفالهم وحرمهم، وأن لهم رميهم بالحجارة والسهام وإن كان عندهم أنهم سيصيبون بذلك بعض أطفالهم، كما كان ذلك جائزاً في المشركين لما يحرم قتل أطفالهم، ما لم يكن ذلك بالقصد منهم إليهم. وإنما لم يجز في البيات الذي ذكرناه ألا يقتل [فيه] إلا من قاتل منهم، لأنه لا يقتل بالسيف إلا من قصد إلى ضربه، وليس كذلك الرمي بالحجارة والسهام، لأنه بالرمي لا يقصد إلى من ليس بحرب له من عسكر الباغين، وإنما يقصد بذلك في نيته إليهم. فهذا، وإن على من في عسكرهم ممن ليس بحرب للمسلمين أن يعتزل عسكرهم في وقت الحرب لهم، فإن لم يفعلوا فلا إثم على المسلمين فيما أصابهم إن شاء الله تعالى، ولهم الدية والكفّارة.

وإنما أجاز من أجاز بياتهم حمل السيف على اليقظان والنائم منهم إذا لم يرج إلا بذلك الظفر بهم ولم يمكّنوا المسلمين من أسرهم، لأن حكمهم حكم المحاربين المقاتلين ما كانوا على البغي والظلم مقيمين، وبمظالم العباد ممتنعين، في جميع أحوال ذلك منهم، كما أن مخيفي السبيل وقاطعي الطريق، إذا أخذوا في ذلك أموال الناس، كان لمن فعلوا ذلك به أن يقتلهم عند تشاغلهم عنه بأكلهم وشربهم ونومهم وأحوال غفلتهم ليمنعهم بذلك من ظلمهم وليتخلّص بماله منهم، إذا لم يجد السبيل إلى تخليص ماله والدفع لظلمهم عن نفسه إلا بذلك من الفعل بهم.

١ لهم] في، ا ب ج ٢ بهم] به، ا ب ج ٧ خطاء] أخطاء، ا ب ج د ١٠ كما] مما، ب || لما] كما، ا ب ج ١١ وإنما] -، ج ١٢ بالسيف] بالسيق، ب ج ١٣ إلى] إلا، ا ب ج د بذلك] ذلك، ا ب ١٤ فهذا] -، ج || على] علا، ا ب ج د || ممن] من، ا ب ١٥ تعالى] -، ب ١٧ حمل] وحمل، ا ب ١٨ يمكّنوا] يمكن، ا ١٩ السبيل] السبل، ا ج

كذلك بيات المسلمين لهم ليدفعوا عنهم وعن المسلمين ظلمهم، لأن المسلمين يد على من سواهم. وليس سبيل الأسير منهم سبيل المتشاغل والقائم، لأن الأسير في حال أسره ممنوع من البغي والظلمِ، عاجز عنه قد حيل بينه وبينه، فليس شيء منه يمكنه إلا وقد منعه المسلمون منه بغير القتل له، وما كفي المسلمون بغيه عليهم وظلمه دون قتله لم يقتلوه. كذلك في بياتهم إن كان يعلم أن له سبيلاً إلى تخليص ماله ونفسه منهم بغير قتلهم لم يعرض لهم نياماً.

وأما قولهم: ولا يُتبَعُ مُدبِرهم، فالمعنى في ذلك، والله أعلم، ألا يقتلوا منهزمين ما كان ذلك تفرقاً منهم إلى غير فئة لهم يتراجعون بها إلى حرب المسلمين، فإن ظهر للمسلمين في تفرّقهم توبة منهم عن بغيهم وأمنوا معاودتهم للبغي عليهم أمسك المسلمون عن اتّباعهم، وإن لم يكن ذلك ولم يأمن المسلمون تراجعهم إلى فئة لهم يرجعون بها إلى حرب المسلمين وإلى بغيهم عليهم، أو يظلمون الناس في مسالك انهزامهم، اتّبعهم المسلمون ليأسروهم ويحبسونهم إلى أن يأمن المسلمون ذلك منهم، فإن كان للمسلمين إمام قائم كان الحكم إليه فيهم مع مشاورته أهل العلمِ منهم، وقد قيل بقتل من قتل أحداً من المسلمين من الباغين وبحبس من لا يؤمن معاودتهم للبغي عليهم، وإرسال من تاب من المذنبين منهم. وإن كان في الأسارى إمام البغي، وكان قد قتل بتبعته فللإمام قتله أو المنّ عليه، وإن ألقى بيدهِ تائباً يخلّ سبيله ما أمن معاودته لبغيه، وإن لم يأمن ذلك منه حبسه إلى أن يأمن بغيه، وعلى الإمام أن ينظر في ذلك بالأفضل في الدينِ لقوّة دولة المسلمين. ومن حارب دون أسره حلّ جهاده لهم، وكلّ محارب يقاتل من نساء الباغين وأطفالهم ومجبورهم فجائز قتلهم ما لم يكن بدون القتل من ذلك منعهم.

فهذا، وأما الجرحى فلا يجهز عَليهم ما كانت جراحاتهم تحول بينهم وبين البغي والظلمِ، نحو ما قلناه في الأسارى منهم، وإن كانت به جراحة خفيفة غير معجزة له عن بغيه فسبيله سبيل

١ عنهم] + في حال اسره، ا ٤ المسلمون] المسلمين، ا ٦ فالمعنى] والمعنى، ا || ذلك[2] + منهم، ا ٩ يأمن] يأمر، ا ب || وإلى] أو إلى، ج د ١٠ ويحبسونهم] ويحبسوهم، ج د ١١ فيهم] فهم، ا ب ١٣ المذنبين] المتدينين، ا ١٤ وكان] كان، ا ب ج || بتبعته] ببغيته، ا ب ج د || يخلّ] فخل، ا ١٥ منه] -، ا ج د ١٦ أسره] أسيره، ج ١٧ ومجبورهم] مجبورتهم، ا ب ١٨ فهذا] -، ج د || يجهز] يجار، ج || تحول] -، ا ب ج || والظلمِ] -، ا ب د ١٩ منهم] منه؛ ا ب جراحة] جراحاتهم، ا || معجزة] موسرة، ا ب ج د

أصحابه. وإن كان مع ما به من الجراحة مقيماً على الظلمِ والبغي فللمسلمين قتله ما لم يمكنهم منعه من ذلك إلا بقتله، فسبيل هذا المجروح [سبيل] الذي يقاتل مع البغاة وإن كانت به جراحة، فما منعته مما يجب [المحاربة] من أجله. فهذا ما حضر ذكره من معاني متقدم قول الفقهاء فيما منعت من المحاربة منه.

وأيضاً ضرب من المحاربة على الكافّة ومن أوليات أمورهم الصائبة، وهو الدفاع من حريم المصر، إذا دهمهم العدوّ وقصد إلى جملته كان النفار من بلدانِهم ونواحيهم [واجبا] إلى مصرهم الذي منه مدخل العدوّ، وعليهم أن يمنعوه ويدفعوه عن جملة مصرهم، لأنه حريم جملتهم. هذا إذا كان عندهم [الرأي] والأغلب في قلوبهم بالخبر المعروف من سيرته في غيرهم أن يظلمهم بأكثر من ظلمِ المقيمِ معهم في فورة دخوله إليهم وإقامته فيهم. وليس لأحد من المسلمين المحاربة مع أحد من المتساويين في ظلمِ الرعية من الظالمين لها. وقد قيل: إنما [يجب] الدفع عن الحريم في غشيان البلد، وإنما قيل: للرعية المحاربة مع الأقلّ ظلماً منهما لدفع الأكثر ظلماً عن زيادةِ ظلمه، لا لمعونته وتمكّن سلطانه. فهذا، وإذا استولَى كلّ واحد من الظالمين على ناحية من المصر لزم كلّ من المسلمين قراهم وحدود نواحيهم ولم يسيروا مع أحدهما إلى الآخر منهما، لأن في ذلك وجوب تلاقيهم وتحاربهم، وما أوجب تحاربهم فمحرم عليهم، وقد قيل: إذا صحّ بتواتر الخبر في مملكة أحد الباغيين من ظلمه للرعية، وسفك دمائها، واغتصاب أموالها أكثر مما في الناحية الأخرى كان للرعية للأقلّ ظلماً منهما المسير معه إلى الأكثر ظلماً لإزالة زيادة ظلمه عن رعيته ما لم يخافوا في فورة دخوله المصر أكثر مما هم فيه من الجور مع المقيمِ معهم، وما لم يتعارفوا في مسيره من الظلمِ والجور أكثر مما يريدون إزالته من الجور في المسير معه. وعلى من سار معه إظهار ما يريدونه [بالمسير] إلى الناحية التي يسيرون إليها من إزالة زيادة الجور عليهم، وعلى من كان في ناحية الأكثر ظلماً إعانة الخارجين لإزالة ما زاده المقيم معهم من الجور

١ الجراحة] الحاجة، ب || يمكنهم] يمكنه، ا ب ٣ فما منعته] ومنعته، ا ب ج ٥ من[1]] في، ا ب ومن...الصائبة] ومع أولات أمورهم الضالة؛ ا ب ج د ٦ دهمهم] ادهمهم، ا ب || النفار] التفاد، ج ب؛ النفاي، ا ب ٧ يمنعوه ويدفعوه] يدفعوه، ا || جملتهم] جميلهم، ا ب ٩ إليهم] -، ا ١٠ المتساويين] المتساوين، ا ب ج د ١٤ بتواتر] تواتر، ا ب ج ١٥ الباغيين] الباغين، ا ب ج ١٦ الأكثر] اكثر، ج ١٧ هم] هو، ا ١٨ في المسير] وللميسر ا ب ج ١٩ إليها] وإليها، ا إزالة] -، ا ٢٠ زاده] أراده، ا ب ج

عليهم في سيرته فيهم ما كان ذلك ممكناً لهم وكان مشتهراً جور أحدهما في الناحيتين جميعاً. ومثال ذلك في الرعية ما [إذا] نجد من مظلوم واحد بضربين من الظلم، ثم نجد السبيل إلى إزالة أحدهما عنه دون الآخر منهما، كان إزالتنا عنه ما نقدر عليه منهما أَوجب علينا وأولى بنا من تركِه يظلم بهما جميعاً. وفي المسير مع الأقلّ ظلماً مثال نحو ما أجازوه من الاستعانة على قطّاع السبيل الذين يأخذون الأموال ويسفكون الدماء وينتهكون الحرام، فإذا كان الباغي المستولي لا يبلغ من الظلمِ مبلغهم في الاستعانة به عليهم كان للرعية أن تسأله المعونة إذا لم تجد سبيلاً إلى كفاية ذلك عن من أقلّ ظلماً منه فيهم.

فهذا، وللمسلمين أن يتقاربوا من قراهم ونواحيهم لمحاربة من يجوز محاربتهم لهم دفاعاً عن حريمهم وإزالة زيادة الجور عنهم، وعلى أهل القرى معاونتهم على الدفع عنهم. وإذا لم يتبيّن للرعية الأقلّ من الأكثر ظلماً من الباغيين لم تكن محاربة أحدهما مع الآخر [جائزة]، و[إن] كان عند أهل ناحيةٍ المقيمُ [في غيرهم] متّهماً أنه ينتهك حريمهم بما ليس عليه المقيم فيهم كان لهم الدفع عن حريمهم وعلى أهل القرى معاونتهم على الدفع عنهم، وإذا لم يأمن أهل ناحية السائر منهما ظلمه بأكثر من ظلمِ المقيمِ في فور دخوله لم يتخطّوا معه إليهم. وكلّ محاربة مع البغاة من حيث جاز ذلك لهم، وإنما ذلك في الدفع عن الحريم وإزالة زيادة الظلمِ المبين، وعليهم إثبات البينات في ذلك الوجه الذي جاز لهم، لا لِمعونتهم وتمكّن سلطانهم، فإذا انقضى الأمر الذي كان جاز [به] المحاربة أمسكوا عنها معهم. وعليهم أن يظهروا إرادتهم بمحاربتهم مع من لزمه اسم البغي معهم لأهل الناحية المقصود بالحرب صاحبها. وبلغنا أن جعفر بن السمّاك وحتّات بن

٣ أوجب] أواجب، ا ب || علينا] إلينا، ب **٤** بهما] منهما، ج || نحو] -، ا ج د **٥** الباغي] -، ج د **٦** الاستعانة] فالاستعانة، ا ب ج **٧** تجد] + إلى ذلك، ا ب ج د || عن من] بمن، د **٩** عنهم[1]] عليهم، ا **١٠** الباغيين] الباغين، ا ب ج **١١** متّهماً] منهما، ا ب ج **١٣** وكلّ] ذلك، ا | محاربة] محارب، ا ب ج د **١٥** البينات] النيات، ا ج د **١٦** لزمه] لزم، ا ب ج د

١٧ جعفر بن السمّاك] هو جعفر بن السمّاك \ السمّان العبدي (ت ٧٢٠/١٠٢) وهو تابعي تتلمذ على يد جابر بن زيد (ت ٧١١/٩٣)، وشيخ لأبي عبيدة مسلم بن أبي كريمة (ت ٧٦١/١٤٥)، له مسائل في الفقه وعلم الكلام تروى كمسائل في الآثار الإباضية وكان ضمن الوفد الإباضي إلى الخليفة عمر بن عبد العزيز (٩٩-٧١٧/١٠١-٧١٩)، وانضم إلى ثورة يزيد بن المهلب وقتل بها. راجع الشقصي، منهج الطالبين، ٦١٩/١ || وحتّات بن كاتب] هو حتات بن كاتب (ت ٧٢٠/١٠٢)،

كاتب سارا مع حبيب بن المهلّب إلى أن قتلا معه، فتكلّم من تكلّم في ذلك، فأظهر أبو عبيدة ولايتهما، فنزل الناس إلى ذلك من قوله فيهما، وكانا من فقهاءِ المسلمين، ويقال أن جعفرًا حمل عن جابر أكثر ممّا حمل أبو عبيدة عنه. وقد قيل أن محمد بن عبد الله بن جساس أو

١ من تكلّم] -، ا ٣ أو هاشم] وهاشم، ا ب ج د

من بني هميم، وأصله من توام (البريمي حاليا) في غرب عمان، ثم انتقل مقامه في نزوى وارتحل إلى البصرة واستقر بها، وكان من ضمن الوفد الإباضي إلى الخليفة عمر بن عبد العزيز، ومن فقها الإباضية ويعد من طبقة أبي عبيدة مسلم بن أبي كريمة، وقتل في ثورة يزيد بن المهلب. راجع ابن مداد، سيرة ٤١/٢٠/٨؛ السعدي، قاموس الشريعة ٣٥٧/٨؛ الشقصي، منهج الطالبين ٦١٩/١؛ سرحان، كشف الغمة ١٠٠٥/٢؛ البطاشي، إتحاف الأعيان ٥٢١/١

١ حبيب بن المهلّب] هو حبيب بن المهلب بن أبي صفرة العتكي (ت ٧٢٠/١٠٢)، ولاه سليمان بن عبد الملك (حكم ٩٦-٧١٥/٩٩-٧١٧) السند، وشارك في ثورة أخيه يزيد بن عبد الملك ضد الأمويين والتي سرعان ما قضي عليها وقتل في عام ٧٢٩/١٠٢. راجع الطبري، ١٢٤٩؛ ابن الأثير، الكامل، ٦٨٤؛ العوتبي، الأنساب ٦٤٩/٢-٦٥٩ ٣ أبو عبيدة] هو أبو عبيدة مسلم بن أبي كريمة التميمي؛ راجع P. Crone / F. Zimmermann, *The Epistle of Sālim b. Dhakwān*, pp. 303-305 | محمد بن عبد الله بن جساس] هو من علماء عمان الذين عملوا على توحيد الإمامة بعد مقتل الإمام الجلندي بن مسعود (ت ١٣٤/...)؛ راجع السالمي، تحفة الأعيان ١٠٨/١

هاشم وموسى بن أبي جابر سارا مع غسّان بن عبد الملك إلى راشد بن النظر وكانا من فقهاء المسلمين.

فهذا، وأما الفتك بالجبابرة فقد قيل: ذلك [جائز] إذا قصد إلى دماء المسلمين في أحوال البطش بها أو امتنع من الحقّ بعد دعائه إليه فيها بعد إصابتها، وليس هدر الأولياء الدماء أو عفوهم عنها بمسقط الحكم عمن أصابها بها، لأن القتل بالدين المطالبة به للمسلمين، وكذلك من سعى في الأرض فساداً من المجرمين ودم النائرة للأولياء، وعلى الإمام المطالبة بدماء

٤ أو عفوهم] وعفوهم، ا

١ هاشم] هو أبو الوليد بن غيلان السيجاني (ت تقريباً ٢١٠/٢٢٨)، من بني هميم، من بلدة سبحا (قرية تابعة لمدينة إزكي)، ويعتبر أحياناً خامس حملة العلم الذين تتلمذوا بالبصرة، ولعله لحق للتعلم على يد الربيع بن حبيب ووائل بن أيوب الحضرمي ولم يلتق بأبي عبيدة، وعدَّ مرجعاً فقهياً ومن كبار أهل الحل والعقد في عمان خلال فترة الإمامين غسان بن عبد الله (١٩٢-٢٠٧/٨٠٨-٨٢٣) وعبد الملك بن حميد (٢٠٨-٢٢٦/٨٢٤-٨٤١) وكانت وفاته في بداية فترة الإمام عبد الملك بن حميد. راجع الشقصي، منهج الطالبين ٦٢١/١؛ سرحان، كشف ١٠٠٧/٢؛ السعدي، قاموس الشريعة ٢٥٨/١؛ البطاشي، إتحاف الأعيان ٢٣٢/١ || وموسى بن أبي جابر] هو موسى ابن أبي جابر (ت ٧٩٧/١٨١)، من بني ضبة، نشأ بإذكي في وسط عمان وارتحل إلى البصرة للتتلمذ عند الربيع بن حبيب ويعدّ أحد حملة العلم إلى عمان، وتضلع بمكانة قيادية بعد مقتل الإمام الجلندي بن مسعود (٧٥١/١٣٤)، تمكن من جمع تحالفٍ قبليّ ضد العباسيين والجلندانيين، واستطاع على أثره عقد إمامة محمد بن عبد الله بن أبي عفان (١٧٧-١٧٩/٧٩٤-٧٩٦) ومن ثم للوارث بن كعب الخروصي (١٧٩-١٩٢/٧٩٦-٨٠٨). راجع ابن مداد، سيرة ٨؛ السعدي، قاموس الشريعة ٣٥٧/٨؛ الشقصي، منهج الطالبين ٦٢١/١؛ سرحان، كشف ٧٠٩/٢، ١٠٠٧؛ السالمي، تحفة الأعيان ١١٠/١؛ البطاشي، إتحاف الأعيان ٢٢٢/١ || غسّان بن عبد الملك] غسان بن عبد الملك الهنائي من بني محارب من بهلا، وأحد قادة شيوخ القبائل الذين قادوا التحالف القبلي من علماء الإباضية ضد راشد بن النظر الجلنداني. راجع سرحان، كشف ٨٥٥/٢؛ السالمي، تحفة الأعيان ١٠٧/١-١٠٨ | راشد بن النظر] راشد بن النظر بن جعفر الجلنداني من أسرة الجلندانيين الحاكمة في عمان، حاول استعادة ملك عمان بعد مقتل الإمام الجلندي بن مسعود (٧٥٢/١٣٤) فاصطدم على أثرها مع العلماء الإباضية واستظهر بقبائل المهرة في ثورة ببلاد السر من عمان؛ لكنه في الآخر انهزم في معركة المجازة (سنة ٧٩٣/١٧٧) وهرب من عمان. راجع السالمي، تحفة الأعيان ١٥٩/١

المسلمين، ما كان للأولياءِ أنصفهم إمام المسلمين وما كان بدين أو فساد في الأرض فعليه المطالبة، وليس له العفو عنه إذا أخذوا بالدماء التي بها امتنعوا. وقد قيل أن موسى بن علي كتب إلى عبد الملك بن حميد يسأله تأمين قوم من مهرة كانوا استأمنوه بعد سفكهم الدماء، ومن أمنه أحد من المسلمين تم ذلك على جميعهم، أو قائد السرية التي توجهت بإذن الإمام إلى قتال البغاة إلا أن يكون قد احتج الإمام على القائد أن لا يؤمن أحداً إلا برأيه في حال المحاربة، ما لم يخطّئوا ذلك الإمام عليهم أو قائدهم، وقد قيل في قائد البغاة، إذا قتلت أئمة الدين وأعلام المسلمين أو زحفت إلى عساكرهم فقتلت فيهم، أن للمسلمين الفتك بهم إذا تولّوا

٤ توجهت] توجب، ا **٦** يخطّئوا] يخطأ، د

٢ موسى بن علي] هو أبو علي موسى بن علي بن موسى (١٧٧-٢٣١/٧٩٣-٨٤٥)، من بني عزرة، وينسبون إلى بني سامة بن لؤي، وموطنه بإزكي، وتولت عائلته مهمة واسعة خلال الإمامة الأولى منذ ١٧٧/٧٩٣ وحتى سقوطها سنة ٢٨٠/٨٩٣، وموسى هو سبط موسى بن أبي جابر، وأصبحت له مكانة مرموقة بين العلماء وأهل الحل والعقد في فترة الإمام عبد الملك بن حميد (٢٠٨-٢٢٦/٨٢٤-٨٤١) والمهنا بن جيفر (٢٢٦-٢٣٧/٨٥١/٨٨٦)، وعرف بقاضي المسلمين. راجع سرحان، الكشف ٨٦٠/٢-٨٦١، ١٠٠٨؛ السعدي، القاموس ٣٥٨/٨؛ الشقضي، المنهج ٦٢١/١؛ السالمي، تحفة الأعيان ١٣٤/١ **٣** عبد الملك بن حميد] هو عبد الملك بن حميد العلوي (حكم عمان ٢٠٨-٢٢٦/٨٢٤-٨٤١)، وبنو علي بن سودة أصلهم من العتيك من الأزد. راجع الشقصي، المنهج ٦٢٩/١؛ سرحان، كشف ١٣٤/١؛ ابن رزيق، الفتح المبين ٢٢٨

بحدثهم، نحو ما فعلوه به بقاتل مرداس وابن عطية وأشباههما، والخبر عنهم في أحداثهم [كافٍ] من غير أن تقوم في ذلك بيّنة، كذلك كان سبيل المغيرة بن روشن وخثعم في قتلهما.

وأيضاً ضرب من المحاربة، يقول الله ﴿إِنَّمَا جَزَاء الَّذِينَ يُحَارِبُونَ اللّهَ وَرَسُولَهُ وَيَسْعَوْنَ فِي الأَرْضِ فَسَادًا أَن يُقَتَّلُواْ أَوْ يُصَلَّبُواْ أَوْ تُقَطَّعَ أَيْدِيهِمْ وَأَرْجُلُهُم مِّنْ خِلافٍ أَوْ يُنفَوْاْ مِنَ الأَرْضِ ذَلِكَ لَهُمْ خِزْيٌ فِي الدُّنْيَا وَلَهُمْ فِي الآخِرَةِ عَذَابٌ عَظِيمٌ إِلاَّ الَّذِينَ تَابُواْ مِن قَبْلِ أَن تَقْدِرُواْ عَلَيْهِمْ فَاعْلَمُواْ أَنَّ اللّهَ غَفُورٌ رَّحِيمٌ﴾، قيل: إنها نزلت في الأسلميين أصحاب أبي برزة لما نقضوا عهد

١ بحدثهم] -، ا ج د || وأشباههما] وأشباههم، ا ب ج ٢ قتلهما] قتلهم، ا ب ج د ٦ الأسلميين] الأسلمين، ا ب || برزة] بردة، ا ب ج || لما] -، ا ب د

١ مرداس] هو أبو بلال مرداس بن حدير بن عامر بن عبيد بن كعب الربعي الحنظلي التميمي (ت: ٦١ هـ)، تابعي أخذ عن ابن عباس وعائشة وجابر بن زيد ولازمه، شهد صفين والنهروان، وكان رأس المحكّمة بعد معركة النهروان سنة ٣٨ هـ، وسجن بالكوفة، ثم فر منها وشرى نفسه وجماعة من أصحابه، وهزم جيوش عبيد الله بن زياد، ثم قتل غيلة مع أصحابه وهم في صلاتهم. انظر: الجاحظ، البيان والتبيين ٧٢/٢، ٧٤؛ المبرد، الكامل، ٧٣/٣ || وابن عطية] هو هلال بن عطية الخراساني (ت: ٧٥٢/١٣٤)، عالم متكلم فقيه إباضي أصله من خراسان، قدم إلى عمان وعمل قاضياً للإمام الجلندى بن مسعود (١٣٢-٧٥٠/١٣٤-٧٥٢)، وقتل مع الإمام في معركة ضد العباسيين بجلفار. انظر: السالمي، تحفة الأعيان، ٨٥/١-٩٤؛ البطاشي، إتحاف الأعيان، ١٢٧/١. ٢ المغيرة بن روشن] هو المغيرة بن روشن الجلنداني (قتل حوالي ٨٤٥/٢٣٠) قائد من بني الجلندى، وترأسهم في ثورة وقعت بالقرب من غرب جبال الحجر في عمان، وكان رأس فتنة قتل فيها أبو الوضاح والي الإمام المهنا بن جيفر (٢٢٦-٨٤١/٢٣٧-٨٥١) على «توأم» (البريمي). وقتل المغيرة بعد تلك الفتنة من طرف جيش الإمام المهنا. انظر: الإزكوي، كشف الغمة، ٢٦٢؛ السالمي، تحفة الأعيان، ١٥٢/١ || وخثعم] هو خثعم العوفي (٨٧٩/٢٥٩)، من قطاع الطريق الذين أفسدوا في الأرض، حكم عليه محمد بن محبوب بالقتل لما ولي القضاء بصحار في أيام الإمام الصلت بن مالك (٢٣٧-٨٥١/٢٧٢-٨٨٦) وقتل ببلدة السنينة من الظاهرة في عمان. انظر: السالمي، تحفة الأعيان، ١٦٤/١ ٣ إِنَّمَا...٦ رَّحِيمٌ] ٥ المائدة ٣٣-٣٤

رسول الله صلى الله عليه وسلم، وقال بعضهم: في الفارّين الذين اجتووا المدينة، فسألوا أن يشربوا من ألبان سرحها فبعث بها إليهم، فلما شربوا وترووا قتلوا الرعاة، واستاقوا السرح، فقيل: إنه وجّه في آثارهم، فأتي بهم فقطّع أيديهم وأرجلهم، وقيل: سمل أعينهم.

وذهب المسلمون في تأويل هذه الآية [إلى] أنها عامة لمن بعدهم بأن من اعترض سبل المسلمين بإراقة الدماء وأخذ الأموال في التحريم بذلك منهم أن الإمام يطلبهم بذلك، فإن ظفر بهم قطّع أيديهم وأرجلهم من خلاف إذا لم يعدوا في ذلك منهم أخذ أموالهم، فإن أراقوا دماً كان القتل حكمهم، فإن جمعوهما [صلبوا]، وكذلك الصلب فيمن يشرك منهم. ومن شهر السلاح معترضاً للمسلمين به في سبلهم وأسواقهم وإحراق شيءٍ من أموال الناس قطعت يمينه، وما أخذ من المال وأحرق في المحاربة فسواء قليل ذلك وكثيره. قال الله عزّ وجلّ ﴿أَوْ يُنفَوْا مِنَ الأَرْضِ﴾ وهو الطلب لهم، فإن فاؤوا أخذوا بحدثهم، فإن امتنعوا به حوربوا محاربة لا يحكم عليهم بما أصابوا من الدماء والأموال منها إذا فاؤوا بعدها قبل أن يقدر عليهم، إلا ما كان من مال قائم بعينه في يد أحد منهم، فذلك مردود إلى أهله. فهذا في المحاربين وهم مأخوذون بأحداثهم التي بالامتناع بها كانوا حرباً للمسلمين. وفي جواب أبي عبد الله أن ما لم يعلم المحدث بعينه منهم فمهدور ذلك عنهم. فهذا، ومن تاب من الباغين بدين ظاهر بعد حدثهم فهدر ما أصابوا من دماء المسلمين وأموالهم إلا ما وجد قائماً بعينه في أيديهم، وكذلك قلنا من المجرمين. ومن ادّعى في دار التحريم بعد حدثه أنه بدين أصابه لم يقبل منه ذلك، ولم يهدر عنه ما لم يكن ذلك ظاهراً منه في حدثه.

١ الفارّين] الغازين، ب ج ٢ وترووا] وبرئوا، ب ٦ يعدوا] يقدردوا، ا ٧ جمعوهما] جمعوها، ا ب ج || وكذلك] فكذلك، ا ب ج || يشرك] ينزل، ا؛ يترك، ب؛ يشترك، ج ١٠ بحدثهم] بحدهم، ا ب ج د ١١ بما] مما، ا ب ج د || يقدر] يقدروا، ا ب ج د ١٢ في[2]] من، ا ب ج ١٤ ذلك] -، ا ج د || ومن] مرتاب، ا ب || ظاهر] بظاهر، ا ب ج د ١٦ المجرمين] المحاربين، ب ج || يهدر] يهدم، ا ب ج ١٧ حدثه] حدث، ا ب ج د

١ وقال ... ٢ الرعاة] أخرجه البخاري في كتاب الوضوء، باب أبوال الإبل والغنم، من طريق أنس، (ر٢٣٣، ص٦٧)، باب لم يحسم النّبيّ صلى الله عليه وسلم المحاربين من أهل الردة حتى هلكوا. عن أنس. ومسلم في كتاب القسمة والمحاربين، باب المحاربين والمرتدين، (ر١٦٧١، ص٦٩١)

وأما الدعوة فقد قال بعض فقهاء المسلمين: لا دعوة لمن قد عرفها، مثل راشد بن النظر الجلنداني ونحوه، فكذلك معترض السبل بسفك الدماء وأخذ الأموال، قالوا: ذلك في [أمر] خثعم مثله، أنهم يقتلون بغير دعوة مقبلين ومدبرين ما كان قائم فيهم، وقد قيل عن رسول الله صلى الله عليه وسلم: ليس مِنَّا مَنْ شهرَ السلاح علينَا، وقد قيل: القتيلُ دونَ مَالهِ شَـهيد، وكل من قُتل ببغيه وضلالته قُتل [بحقّ].

تم ذلك والحمد لله حق حمده وصلواته على محمد النبي وآله وسلم تسليماً كثيراً.

٢ السبل] السبيل، ا **٣** أنهم] لأنهم، ا **٥** وضلالته] دلالته، ا ب ج **٥** وصلواته] صلاته، ا

٤ ليس...علينَا] أخرجه البخاري فِي كتاب الفتن ، باب من حَمل السلاح.، عن ابن عمر وأبي موسى، (ر٧٠٧١، ١٣٥١). وأخرجه مسلم فِي كتاب الإيمان، باب قوله عليه السلام «من حمل علينا.» (ر٩٨سقط ١٠٠، ص٦٦). وأخرجه الترمذي فِي كتاب الحدود، باب من شهر السلاح، عن أبي هريرة وأبي موسى، (ر٢٥٧٥..، ب٨٠) || القتيلُ...شَهيد] رواه أحمد بلفظه من طريق عبد الله بن عمر (٢/ ٢١٠). وروى مثله البخاري عن عبد الله بن عمرو فِي كتاب المظالم، باب من قاتل دون ماله (ر٢٤٨٠، د٦٨). ومسلم فِي كتاب الأيمان، باب الدليل على أن من قصد أخذ مال غيره بغير حق كان القاصد مهدر الدم، (ر١٤١، ص٨١)

سيرة الشيخ بشير بن محمد بن محبوب في الحدث الواقع بعمان

﴿بسم الله الرحمن الرحيم﴾

الحمدُ للهِ الذي شرع دينه وبيّنهُ، وأوضح حججه وبراهينه، ﴿لِيَهْلِكَ مَنْ هَلَكَ عَنْ بَيِّنَةٍ وَيَحْيَىٰ مَنْ حَيَّ عَنْ بَيِّنَةٍ وَإِنَّ اللَّهَ لَسَمِيعٌ عَلِيمٌ﴾، وإنه كان لأهلِ عُمان دعوة قائمة وجملة بها سالمة، فرَقوا بها عن من ضلّ عنها، إلى أن تنازعوها بإحداث من بعضهم فيها أحداثاً أوجبت بينهم براءات لم يتجاهروا وجاهاً بها، ولا تلاقوا شفاهاً بذكرها، إلى أن طلع من أحدِ مَساند عوامّها انتحال دعوة فيها شرعها ديناً دان به، وكتب بذلك كتاباً يحتج فيه لمذهبهِ، فلما ظهر المحقّون من كتابهِ على نقض ما في أيديهم استضاقوا عن إسرارِ الحقِ فيما ظهر من نقضه عليهم مع إنكار الإعلان لهُ منهم، فأجمع عند ذلك الحاضرون لهذا الكتاب بحجج قاهرة، وبراهين نيّرة، وأدلةٍ ظاهرةٍ، على الدينونةِ بالبراءةِ لله فيما شاهدوه من الأحداث الواقعة بعُمان من موسى بن موسى بتقديمِهِ راشد بن النظر إماماً لأهلها على إمامةِ الصلت بن مالك، ومن راشد بن النظر بتقدمه لذلك، وادعائهما ذلك طاعة لله أمرهما بها، وبفراق مخالفيهم فيها، ومن الشادين على أعضادهما في هذا الفعل بالبراءة منهما، وممن تولاهما عليه أو تولى الشادين على أعضادهما فيه، أو برئ ممن برئ منهما به ومن متوليهما ومتولي الشادين على أعضادهما وممن وقف دائماً فيهما أو في من برئ منهما

٣ حججه] حجته، ا ٤ وإنه] وإن، ا ج ٥ بها] عنها، ر || بإحداث] احدث، ا؛ حداث، ج أحداثاً] احداث، ر || أوجبت] احفت، نسخة اوجبت ،ر || براءات] بروات، ا ب ج؛ + فيما بينهم، ر ٦ تلاقوا] تلافوا، ب || طلع] يظهر، ر || مَساند] مسائل، ب ٧ دان] بان، ا ب ج ر المحقّون] + لعله المحقق، ج ٨ استضاقوا] استضافوا، ا ب ج || عن] على، ر || نقضه] حقه نقضه، ب || إنكار] إمكان، أ، ب، ج ٩ الحاضرون] الشاهدون، ا ب ج ١٠ بتقديمِهِ راشد] لتقديمه لراشد، ب ر ١١ النظر[1]] النضر، ب ر || ومن راشد] وراشد، ا ج || النظر[2]] النضر، ب ر بتقدمه] بتقديمه، ا ب ج ١٣ بالبراءة] -، ر || وممن] ومن، ا ج || أو[2]...١٤ منهما[2]] -، ا ج

٣ لِيَهْلِكَ...٤ عَلِيمٌ] ٨ الأنفال ٤٢

أو برئ ممن برئ منهما من المسلمين على براءتهم منهما، أو دان في ذلك بولايتهما أو بالشدّ على أعضادهما أو أعضاد الشادين على أعضادهما.

فهذا اللازم في الجملة من قولهم فيهم، وفي التفسير بعد العلم منهم بهم على سبيل ما كان ذلك منهم بعيان لهم، أو قيام بيّنة عدل عليهم، أو شهرة حتى يصحَّ به العلم عنهم لهم. وقال الحاضرون لهذا الكتاب أنهم تائبون جميعاً إلى الله من كل ما دخلوا فيه من هذه الصفة التي أقروا في هذا الكتاب بالبراءةِ من أهلها أو دانوا به منها، مستغفرون الله ذلك من فعلهم، نادمون عليه بقلوبهم ومن جميع ذنوبهم، وأن هذا الحكم [هو] جملتهم في هذه الأحداث الواقعة بين ظهرانيهم الشاهرة فيهم، إليها يدعون من أجابهم، ويجيبون من دعاهم بعد العلم منهم بالعدل فيما اختلف فيه منها عندهم، والله يهدى من يشاء إلى صراط مستقيم، ألا فمن رد ذلك عليهم فقد استحق البراءة معهم.

وقالوا أن حجتهم في هذه الجملةِ على مخالفيهم فيها من أهلِ عُمان أنهم جميعاً مجمعون بالدينونة منهم في أصلهم على صحةِ عقدة الإمامة للصلت بن مالك عليهم شارياً، وولاية عاقديها له منهم ومن سلفهم، ولزوم إمامته لهم، ووجوب طاعته عليهم إماماً، وبتحريم تقديم إمام على إمامهم الصلت بن مالك في مملكته، والتقدم بها عليه فيهم، وأنه من ردّ هذا الإجماع عليهم فهو أهل للبراءة عندهم، وأن موسى بن موسى سار من بلده بطوائف ثابوا إليه، وأنه عقد فيهم الإمامة لراشد بن النظر على إمامة الصلت بن مالك في مملكته، وبالقربِ من مصرهِ في جماعة معهم كان هو المشهور في ذلك منهم، والإمام فيه لهم، وتقدم له راشد بتقديمه إياه إماماً على أهل عُمان، وسارا بمن اتبعهما نحو عسكر المسلمين، وكان الصلت بن مالك قد انتقل إلى منزلٍ في

١ أو دان] ودان، ا ج ٢ على أعضادهما] -، ا ٣ بهم] -، ا ج ٤ حتى] حين، ا؛ + (حاشية) خ حين، ب ج ٥ أنهم] أنتم، ا ج || الصفة] القصة، ا ٦ منها] منه، ا؛ منهيا، ب ج؛ + (حاشية) خ منه، ج || مستغفرون] يستغفرون، ا ب ج || ذلك] -، ر ٧ ومن] من، ا ج ر ٨ منهم بالعدل] بانها الحق، ر ١٢ عليهم] عليه، ا ١٣ إماماً] -، ر || وبتحريم...إمام] وتحريم تقديمة إماما، ر ١٤ والتقدم] والتقديم، ر ١٥ ثابوا] بياض في ا؛ تفاءت، ب؛ تفاات، ج ١٦ النظر] النضر، ب ر || على...مالك] + نسخة على الصلت بن مالك، ر ١٧ راشد] + بن النضر، ر ١٨ في] -، ا ج

جانب المصر قريباً من العسكرِ عند ما كان من الزحف إليه، واستخلف رجلاً في عسكرهِ، ونزل راشد وموسى ومن اتبعهما من العسكر، واستوليا على أمانة المسلمين، وأقاموا على ذلك به من فعلهم، ونصبوه ديناً لهم، وسموهُ طاعة لربهم، وأوجبوا على من قام بالنكيرِ بذلك عليهم وقال بخلافهم من عدول المملكةِ وعوامهم التسليم في ذلك لهم، مع تحريمهم لمثل هذا الفعل الذي وصفناهُ منهم في أنفسهم إن لو قامت به طائفة عليهم للإجماع المتقدم منهم على تحريمه في أصل دعوتهم.

فهذه صفة راشد بن النظر وموسى بن موسى وأتباعهما ظاهرة شاهرة في المملكة، مجتمعٌ على تحريمها، أباحوا [في] من لم يدخل معهم فيها البراءة من أنفسهم بها وسفك دمائهم، وذلك مما هو محرم عليهم فيما دانوا به من الحكم له في غيرهم، فاسم البغي لهم بهذه الصفة لازم، وحكمه بها عليهم واجب، إلا فيمن نفى هذه الصفة عن راشد بن النظر وموسى بن موسى ممن شاهد المملكة حين ذلك أنها لم تكن منهما على سبيل ما ذكرناه عنهما، ونفى تقديم موسى لراشد وتقدم راشد له على الصلت بن مالك استحلالاً منهما لذلك [زاعماً] أن الحكم الذي أجريناه عليهما به وعلى من سمينا حاله منهما فيه بادعاء الباطن فيما قد ظهر من هذه الصفة وتأويل فيها، إذ في الحكم الذي أجريناه على أهلها كان المحجوج بظهورها، لأن دافع الظاهر مكابر وعن الحجاج ساقط بإجماع فرق الأمة كلها.

وأما الحكم على أهل هذه الصفة فبإجماعنا وإياهم جميعاً أن ذلك هو العدل من الحكمِ فيها مع عدم الادّعاء منهم لباطن فيما ظهر منها، ثم إجماعنا عن رسول الله محمد صلى الله عليه

١ قريباً] وقريب، ج || من[1]] في، ب || رجلاً] -، ر || في] + (حاشية) من، ج ر **٢** واستوليا] واستولى، ا ج؛ واستولوا، ر || أمانة] إمامة، ا ج || وأقاموا] واقلاموا، ج **٣** قام] + (حاشية) خ ترك، ا ج || بذلك] لذلك، ر **٧** النظر] النضر، ب ر **٨** تحريمها] تحريمهما، ا ب ج || فيها] فيهم، ب **٩** له] -، ر **١٠** فيمن] فمن، ب ر || النظر] النضر، ب ر || بها... ١١ ذلك] -، ا ج **١١** أنها] انهما، ا ج؛ + (حاشية) خ انها، ج || ونفى] وفي، ا ب ج ر || موسى] + بن موسى، ر لراشد] + بن النضر، ر **١٢** له] بن النضر، ر || منهما] لهما، ا ج **١٣** بادعاء] فادعا، ا ب ج الباطن] الباطل، ا ج ر || قد] -، ا، ج. || وتأويل فيها] أو تأول فيهما، ا ب ج || إذ] أو، ا ب ج ر || في] من، ر **١٤** الحجاج] المحاج، ا ب ج **١٦** وأما] + في، ب ج || فيها] + (حاشية) خ منها، ر **١٧** عدم] -، ا || لباطن] + نسخة الباطل، ر || محمد] -، ا ج

وسلم أن البينة على من ادّعى. فهذا، ثم لا حجة أضعف ولا أوهى من دعوى لا برهان لها ولا أدلة من كتاب اللهِ عزّ وجلّ وسنّة نبيه صلى الله عليه وسلم على تحقيقها، واللازم تحقيق مدعيها، لأن الواجب تصديقه وقبوله ما صحّ شاهدهُ ووضح دليلهُ وليس في ادعاءِ الضمائرِ ما يبطل به حكم الظاهر، وليس ذلك في شيء من أحكامِ المسلمين، ولو جاز ذلك ما جاز حكم بظاهرٍ لاحتماله في الباطن للمعاني التي لو ظهرت لبطل ذلك الحكم. ألا فاتقوا الله، فإن هذه بيّنة واضحة شافية، وعن الحجّة بغيرها كافية، لمن كان له قلب أو ألقى السمع وهو شهيد.

وبعد هذا، فإنا لم نجد مع البحثِ الشديدِ لدافعي هذه الجملة علّة إلا وهي راجعة في التحصيل إلى ادعاء باطن فيما ظهر منها أو ما يرجع عليهم بمثلها. ومن احتج بما هو راجع عليه فلا حجة له به، لأنه يكون بذلك خاصماً لنفسه فيما دان به. ولو أنّا لم نضع هذا الكتاب على الاستقصاءِ لذكرنا من عللهم ما هو أقوى مما وجدناه لهم ولبسطناه بسطاً شافياً لمتأمله منا ومنهم، لكنا لم نأمن من أن يكون منهم المعتقد لذلك، فيتخذ ذلك سلاحاً له على الضعفاء دون ما وصفناه به، فنحل بمنزلة من حمل السلاح إلى دار حربه، لكنا نقتصر على ما قد ظهر لنا من عللهم إن شاء الله، والتوفيق بالله والعصمة منه، إنه هو أرحم الراحمين.

والذي يجب اعتماده من ذلك ما احتجا به لأنفسهما، لا ما احتج به غيرهما لهما. فأما راشد فلم يظهر له معنا فيما ركب من الحدث حجة نعلمها، وأما موسى فالذي بلغنا أنه احتج به لنفسه في جواب كان منه أن قال: أما الصلت فإنا أنكرنا عليه أشياء كثيرة، شهد عندنا العدول بما استحللنا به ما استحللنا، ثم صار إلى حد الزمانة وتغيّر العقل، ثم اعتزل أيضاً، وأرسل إلينا

٢ على] -، ا || واللازم] + (حاشية) خ والإلزام، ا ب؛ والإلزام، ر || تحقيق] -، ر **٣** تصديقه وقبوله] قبوله نسخة تصديقه وقبوله، ر **٤** ما...**٥** بظاهرٍ] وجب بظاهر حكم، ا ج؛ ما جاز بظاهر حكم، ب؛ وما وجب جاز حكم بظاهر حكم، ر **٥** لاحتماله] الاحتمال، ا ج || فإن هذه] فهذه: ر **٧** لدافعي] لدافع، ا ب ج **٨** باطن] + (حاشية) خ باطل، ا ج؛ باطل + (حاشية) خ باطن، ب ر || ما] مما، ب؛ تماما، ر؛ + (حاشية) بما، ج **٩** له به] لربه، ا ؛ له، ب || خاصماً] ضامنا، ا ج دان] زان، ر **١٠** ما] مما، ا ج؛ + (حاشية) خ مما، ب ر **١١** من] -، ر **١٢** وصفناه] نقضناه، ر || فنحل] فيحل، ا ب ج ر || دار] -، ر **١٤** يجب] نحب، اج ر || اعتماده] اعتقاده، ا ج **١٥** نعلمها] يعلمها، ا ب ج ر **١٦** بما] بها ما، ا؛ + (حاشية) خ بها، ب؛ بها بما، ج؛ بها، ر **١٧** الزمانة] الزمنا، ا ب ج؛ + نسخة الزمناء، ر || وأرسل] فأرسل، ر

أن تنظر للمسلمين، ووصل إليّ كتاب من عزّان بن تميم يذكر من اعتزاله ويستحثنا على التعجيل، فلما صحّ عندي أنه تبرأ واعتزل اتفق المسلمون هنالك على ما اتفقوا عليه، فهذا أمر الصلت ليس معي فيه شكّ ولا ريب. فهذه حجته، ولا ندري لعل المحتج له بغير ما ذكره يضيف ذلك إليه، ولا نعلم لهما معاً زيادة على ذلك سوى إشهار السلاح في العسكر عند ما كان من ممّره فيه، وأن الصلت وجّه إلى راشد بعد أخذه الأمر منه بالخاتم والكمّة ومفاتيح الخزانة. فهذا جميع ما وقع الاحتجاج به منهم في تجويز لفعل المجتمع على ظهوره وتحريمه فيما دان المسلمون به. ألا فتفحصوا أصلحكم الله هذه الحجج بالمناصحةِ منكم لأنفسكم، هل تجدونها ما يقوله صادق أو يحتج به محق؟ وهل لمسلم أن يلبّس في دين الله بما لا معنى له ولا حقيقة فيه أو يموّه على المسلمين به؟ بل لو كانت هذه الألفاظ في إقرار أو وصية أو شهادة ما علم لها معنى تقع علّة به فيحكم به اجتهاداً ورأياً، وكيف يجب ذلك في الدين وما لا يكون الحق إلا واحداً فيه بين المختلفين؟ بل لو لم يحتمل كل علة منها إلا معنى واحداً ما كان ذلك إلا ادعاء لباطن فيما ظهر من صحيح المحتج للاجتماع على تقدم بغيه والبراءة منه، بل لو ظهر بعض معاني ما احتجوا به كظهور الحدث المجتمع عليه ما وجب أن يحكم به في فسخ إمامة دان المسلمون بها واجتمعوا على صحة عقدها وتقديم الأخرى عليها، لأنّه لا يحلّ تقديم إمام على إمام صحيح العقدة وهو مقيم المملكة إلا بأحد وجوه ثلاثة: إما أن يحل جسمه عجز موهن عن أحد فروض الإمامة أو مواقعة حدّ لا تقوم به الإمامة أو إصابة ذنب يمتنع به عن التوبة، شائعاً جميع ذلك في الرعّية.

١ إليّ] الينا، ج ٢ اتفقوا] كانوا اتفقوا نسخة على ما اتفقوا، ر ٣ لعل] ليس، ا ج || له] -، ا ب ج ٤ لهما معاً] لهم جميع، ر ٥ من] ممن، ا || الصلت] صلتا، ر ٦ في] وفي، ا ب ج، + نسخة وفي، ر ٧ تجدونها] تجدوها، ا ج؛ تجدوها + (حاشية) نها، ب ٨ أو] أن، ا ج || لمسلم] للمسلم، ا ب ج || يلبّس] يلعن وفي نسخة ان يلين، ر ٩ أو[2]] -، ب. ١٠ علّة] عليه، ا ب ج ر ١١ واحداً[1]] واجب، ر || فيه] منه، ا ب ج ر || معنى واحداً] على معنى واحد، ا ب ج ١٢ لباطن] الباطل، أ ب ج || من ...للاجتماع] المحتج به لاجتماع على بغيه نسخة من صحيح المحتج للاجتماع، ر || تقدم] تقديم، ا ب ١٤ وتقديم] وتقدم، ب || الأخرى] الآخرين، ا ب ج ١٥ مقيم] + في المملكة نسخة مقيم، ر || جسمه] بجسمه، ر || موهن] مرض، ر ١٦ مواقعة] موافقة، ا ج || الإمامة[2]] الا الايمة، ر || عن] من نسخة عن، ر || شائعاً] شائعا في، ا ب ج؛ + نسخة في، ر ١٧ في الرعّية] -، ا

ألا فمن ادعى للصلت بن مالك أحد هذه الأحوال قبل تقدم راشد عليه ردّت الجماعة ذلك من قوله وسقط عن المناظرة وكفينا فيه المؤونة بالظهور لخلاف ذلك ما ادعاه والحمد لله. ومن قال بفسخ الإمامة وأجاز التقديم عليها بغير ما ذكرناه ودون ما وصفناهُ كان مدعيًا لذلك على المسلمين لتقدم الإجماع على الحظر له، وقد قلنا أن الادعاء لزوال ما قد ثبت لا يُحق شيئاً كما أن ما وجب قد زال بالصحّة كذلك. ثم لا يخلو انفساخ إمامة قد وجب فرضها ولزوم ما فيه عقدت عليها من أن يكون ذلك لجميع هذه الحجج التي احتجوا بها أو لكل واحدة منها أو لبعضها، فإن كان ذلك لجميعها فلا يوجب ذلك كل حجة فيها، وفي خروج كل حجة منها من أن يكون ذلك لها سقوط حججهم كلها، وإن قالوا: أوجب ذلك بكل حجّة منها، فكيف يجوز ذلك مع ما فيها من تنافي معانيها بالتي هي أفعال الأول بعد عقدة الثاني عليه وقبلها، لأن عقدة الثاني لا تحول طاعة بفعل الأول بعدها؟ وفي ذلك فساد حجتهم بجملة ما هو أفعال للأول قبل وبعد، لأنّه إن صحّت عقدة الثاني بما قبلها من أفعال الأول فقد بطل احتجاجهم بما بعدها من أفعال الأول، وإن كان بما بعد عقدة الثاني فقد قلنا أن ذلك لا يصلح اعتقادها محرماً لأن الله لم يجعل الحكم فيها لغيره، ولا أقام المحرّم منها مقام المفروض من كتاب الله ولا سنة ولا إجماع من الأمة. فهذا، وكيف يسوغ القول بكل حجة منها مع احتجاجهم بتوجيه الصلت إليهم أن انظروا للمسلمين، وهي من المناصفة الأمثل، [وتناقض] ما احتجوا به من اعتزاله وما كان بعد العقد عليه من أفعالِ مع ادعائهم لتغيّر عقله قبل ذلك؟ وإن زعموا أن صحة ما ادعوه لبعض

١ بن مالك] -، ر || تقدم] تقديم ، ا ج ر ٢ المؤونة] المؤنة، ا ب ر || ذلك] -، ر ٤ لتقدم] لتقديم ، ا ب ج || الإجماع] الاجتماع، ب || الحظر] + (حاشية) خ حصره، ج ٥ وجب[1]... زال] قد زال، ر || إمامة] الإمامة، ا ج ٦ لجميع...واحدة] بجميع الحجج فيحتجوا (فيجتمعواءا) بها ولكل واحد، ا، ب، ج || منها] -، ا ٨ سقوط] بسقوط، ا ب ج؛ + نسخة بسقوط، ر حججهم] حجتهم، ب ٩ بعد] بل، ر || بالتي... ١٠ بعدها] -، ا ج ١١ أفعال] فصل، ر ١٢ أفعال] + نسخة فعل، ر || عقدة] عقد، ا ب ج ١٣ المحرّم] التحريم نسخة المحرم، ر ١٤ بتوجيه] بتوحيد، ا ج ر ١٥ انظروا] نظروا، ا ج || وهي...الأمثل] وهي من المناصبة الأمثل، ا؛ وهي المناصفة الأمثل، ب؛ وهل المناقضة الأمثل، ر || ما...اعتزاله] الذي احتجوا له من اعتزاله نسخة بمثل ما احتجوا به من اعتزاله، ر || وما] أو ما، ا ب ج || بعد] + نسخة من بعد، ر ١٦ لتغيّر عقله] لغير عقد، ا ج

ما احتجوا به فقد كان يجب أن يقصدوا قصد ذلك دون غيره، ثم يوجدونه للمسلمين من كتاب الله أو سنة أو نظير له من أحدهما بحكم من الله فيهما لتزول الشبهة، ولن يجدوا إلى ذلك سبيلاً.

وأما قوله أنه شهدت العدول معه بما استحله، فأوضح بهذا القول معنى المعصية، ما كان ذلك إلا ادعاء منه لها على الإمام، محّرم ذلك عليه وعلى قابله منه وولاية بعضهم بعضًا عليه ما لم يكن ذلك شاهراً مفسراً في المملكة من مشهوري العدالة مضمناً ذلك بالامتناعِ من التوبةِ ليقوم في تقديم الثاني على المسلمين الحجة. وأما قوله أنه صار إلى حدِّ الزّمانة أو تغيّر العقل فذلك أيضاً دعوى، فقد تقدم الإجماع على براءته منه ولم تقم الحجة لظهورهِ عنه، فإن تأول ما كان في رجليهِ وفي جسمهِ من الضعف زمانة عن أحد فروض الإمامة فقد كان ذلك هو الضعف موجوداً معه قبل تقديمهم عليه مع ائتمامهم به بغير افتراق بينهم لذلك فيه ولا تنازع له بالبراءةِ ممن جامعه على ذلك في حاله، ولو صحّ في ذلك اختلاف لكانت الحجة فيه لمن ردّه إلى الأصلِ المتقدم له، وهو البراءة من ذلك بإجماعهم.

وأما احتجاجهُ بتغير عقله فذلك المجاهرة بالزورِ وصراح الكذب الذي يجب للعاقل الاستحياءُ من الاحتجاج به إن لم يكن له دين يمنعه من ادّعائه، ولو جاز هذا الادّعاء على الصلت لجاز على غيره وعلى مدّعيه عليه، فيُبطل ذلك دعواه. وكيف يجوز ذلك على الصلت واستبان ذلك على الناس فيه مع شهرتهِ فيهم وكثرة دخولهم إليه قبل تقدم راشد عليه وبعده؟ ولو جاز أن يجتمع من الناسِ مَن يكون شهرة خبرهِ حجة في ذلك مع تفرق هممهم وامتناع

١ غيره] غيرهم، ب؛ غيرهم + (حاشية) خ غيره، ا ج || ثم] -، ا ج **٢** نظير] يصير، ا ج؛ نضير، ب **٤** فأوضح] فلو صح، ب ر || بهذا] لهذا، ا ب ج؛ لهذا نسخة بهذا، ر **٥** قابله] قايله، ا ج ر **٦** مشهوري] مشهور، ا ب ج **٧** في تقديم] في ذلك تقدم، ا ب ج || الحجة] -، ا ج || أو تغيّر] + نسخة وتغير، ر **٨** فقد] فيما قد، ر || لظهورهِ عنه] بظهوره نسخة عنه بظهوره، ر **٩** أحد] -، ا ج || فروض] فرض، ب **١٠** موجوداً] موجود، ر || قبل] -، ر || بينهم] منهم، ا ب ج **١١** جامعه] جاء معه، ر || في[1]] + (حاشية) من، ر || اختلاف] + ذلك في اختلاف، ر **١٣** احتجاجهُ] احتجاجهم، ر **١٤** ادّعائه] + به ا ج **١٦** تقدم] تقديم،ا ب ج **١٧** مَن] -، ا ب ج || هممهم] همتهم، ا ج

تواطئهم على كتمان ذلك فيه لجاز ذلك منهم في غيره، وفي كل معنى مثله إلى أن لا يدرى لعلهُ قد كانت فرائض أجمع الناس على كتمانها، وهذا معنى الروافض في إمامتهم، فإن كانت هذه حجة تصح عند المحتجين بها فقد دللنا على حدثهم فيها، لأنه لو شهد رجل بتغيرِ عقلِ آخر فيما قد لزمهُ مع وجوده في الناسِ بغير دليل لهم لم يمتنعوا من تكذيبهِ وردّ قوله.

وأما قوله أنّ الصلت وجّه إليه أن تنظر للمسلمين فقد أحسن الصلت في ذلك، وما نظر لهم مَن هتك دعوتهم وأوقع الفرقة بينهم بغير حجّة يقيمها فيهم. وأما حجته بوصول كتاب عزان بن تميم إليه يذكر من اعتزاله ويستعجله ويستحثه – ولو كان هذا كلام يصّح له معنى أو يجب به حكم، ثم حكى صحة الكتاب من عزان بن تميم، ما وجب تصديقه على ذلك فيما يلزم عزّان والصلت، وما كان بحكايته إيّاه إلا مدعياً عليهما – فكيف ولا معنى لذلك من قوله يوقف عليه، ولو كان هذا الكتاب رضى بعقد إمام للمسلمين على إمامهم ما كان ذلك من عزان بحجّة عليهم في فسخ إمامة إمامهم وتقديم إمام عليهم، وهل كان يكون في ذلك إلا من هؤلاء المحْدثين؟

فأما اعتزاله من منزل الإمامة إلى منزلٍ قريب من عسكرهِ واستخلافُه فيه عند ما كان من الزحف إليه فغير مدافع ذلك كان من فعلهِ ظاهراً في مملكته. فإن زعموا أن اعتزالهُ من دار الإمامةِ إلى غيرها هو اعتزال عن الإمامة وترك لها، قلنا: فقد صارت الإمامة مضمنة بالدار، تزولُ عن الإمام بزواله عنها وتثبت له بمكثه فيها، ولو جاز ذلك لكان الانتقالُ إلى هذه الدار يوجب الإمامة للمتنقل إليها وإن لم يقدّمه المسلمون لها، ولكان كل من انتقل عنها فقد زالت

١ تواطئهم] بواطنهم، ا ب ر || معنى مثله] معه لمثله + (حاشية) خ معنى مثله، ا ج **٣** المحتجين] المجتمعين، ا **٤** وجوده] وجود ما ا ج || دليل] ذلك، ر || لهم] -، ب ر **٥** إليه] إليهم، ا ب ج تنظر] تنتظر، ر **٦** دعوتهم] ستر دعوتهم نسخة ستر عورتهم، ر || بوصول] لوصول، ر **٧** كلام] الكلام لا، ا ب ج || له] -، ا ج؛ به، ب؛ + نسخة به، ر **٨** بن تميم] -، ب ر **٩** بحكايته] لحكايته، ا ب ج؛ لحكايته نسخة بحكايته، ر || إلا] -، ا || مدعياً] أدعاء، ا ب ج || معنى] مغير، ر **١٠** رضى] نصا، ر || إمام] الامام، ا ج || للمسلمين] المسلمين، ر **١٢** المحْدثين] + وكهم، ر **١٣** الإمامة] -، ا ج **١٤** ظاهراً] ظاهر، ر || اعتزالهُ] اعتزال الصلت، ر **١٥** هو] وهو، ب ج. || عن] -، ا ج || قلنا] فقلنا، ا ب ج **١٦** تزولُ] وتزول، ر || بمكثه] ثبوته، ب؛ تمكنه، ا ج؛ بكونه + (حاشية) خ بمكثه، ر

بذلك إمامته، وهذا ما لا تنازع بين الأمة فيه، ولا ادعته في الأئمّة خاصّة ولا عامّة عند ما كان يكون منها من الانتقال عن مدنها ومساكنها، ولكان ذلك من الشاري نفسه منها ما لا يحلّ له، وعلى رعيته دعاؤه إلى التوبة من ذلك وإلى الوفاءِ لله بما عقد على نفسهِ من البيعة التي لم يجعل اللهُ له الخيرة فيها.

فإن قالوا: إنا لم نزعم أن اعتزال الصلت بن مالك عن المنزل اعتزال عن إمامته، ولكن دلّ ذلك على اعتزاله عنها عند ما كان من الزحفِ إليه، قلنا: فهذا ما يرجع عليكم بمثله في أن زحفهم دليل على بغيهم عليه. فإن قالوا: لم نعلم ما أرادوا بزحفهم، قيل لهم: وكذلك هو بانتقاله لم يعلم ما أراد به. فهذا، وليس يحتمل تألبهم ومسيرهم من العذر لهم به عن إلزام البغي لهم إلا وله مثل ذلك في انتقاله عنهم.

فإن قالوا: فقد ظهر الترك منه لإمامته، قلنا: وكيف يكون تاركاً لها وقد استخلف فيها ووكل بها؟ ولو كان تاركاً لها لتخلى منها، بل استخلافه فيها تمسك منه بها بإجماع المسلمين على أن الموكّل ما في يده منهم في أعمالِ إماراتهم وسائر أحكامهم غير مخرج ذلك يده منه ولا مزيل حكمه عنه، ولا ذلك عند أحدٍ من المسلمين براءة منه.

وبعد فما في اعتزاله من منزله دليل على براءته من إمامته. أرأيتم لو أن رجلاً حلف بطلاق زوجته لقد تبرأ الصلت بن مالك من إمامته واختلع منها مرسلاً ليمينهِ، ولا يعلم منه غير ما ظهر من نقلته التي كانت منه، ما كان الحكم عندكم فيه عند ما ذهبتم إليه من أن الحالف على مغيب عنه حانث فيما حلف عليه؟ أورأيتم لو أن رجلاً وزوجته جمعهما منزل لهما، ثم ظهر

١ فيه] -، ا ٢ مدنها] مدتها، ا ج ر ٣ البيعة] التبعة، ج ٦ عليكم] + فيه، ر || في أن] فان، ر ٧ زحفهم] زحفكم، ا ج؛ + إليه، ر || بغيهم] بغيكم، ر || بزحفهم] + إليه، ر || وكذلك] فكذلك، ر | بانتقاله] انتقاله، ا ب ج ٨ تألبهم] بالتهم، ا ج؛ بالفهم نسخة بالتهم، ر || من العذر] -، ا؛ من الغدر، ب؛ من الغلة، ج || لهم[1]] له، ا ب ج ر ١٠ فيها] -، ر ١١ منها] عنها، ر || تمسك] تمسكا، ا ج ١٢ الموكّل ما] الوكيل لما، ا ب ج || في[2]] من + (حاشية) خ في، ر || إماراتهم] امامتهم نسخة اماراتهم،ر ١٣ مزيل] يزيل، ا ب ج؛ من مزيل، ر || ولا ... ١٣ منه] الجملة مكررة في ا ١٤ دليل] دليلا، ا ج ١٥ بن مالك] -، ب ر ١٦ ظهر] +له، ر || ما[1]] وما، أ ب ج ١٧ أورأيتم] أريتم، ا ج؛ وارايتم، ب؛ ورأيتم، ر || رجلاً ...منزل] رجلا جمعه وزوجته منزلها نسخة لو أن رجلا وزوجته جمعه منزل، ر || لهما] لها ا، ب ج ر

اعتزاله بجميع آلته عنها إلى منزلٍ غيره وقطع جميع ما يلزمه لها، أو تزوج أمة عليها، ففعلت [مثل] ذلك، هل يكون هذا الفعل منه يدلّ على فراقها أو منها يدل على اختيارِ نفسها حتى يحكم بذلك عليها ويشهد به فيها؟ ولهذا نظائر من غير هذا الوجه يطول ذكرها. وألا إذا كان ذلك من فعل الصلت دليلاً عندهم على براءته من إمامتهِ سألوه عن ذلك ودعوه إلى التوبة منه قبل أن يعقدوا للإمام عليه؟ ولِـم سألوه التبرىء بعد عقدة الثاني من إمامته وهو عندهم مختلع منها؟ وهل كان أنخلاعه وبراءته بعد عقدتهم لصاحبهم مما يصلحها له ولهم؟ إن هذا لعجب من فعلهم بأنفسهم في دينهم ودعوتهم، حسبنا الله منهم، بل تألبهم ومسيرهم من غير حجة تظهر عنهم أدلّ في بغيهم من نقلته على اعتزال إمامته لما ظهر من فعلهم، وإن لم يكن مقدار ذلك الاجتماع منهم مع الزحف به نحو العسكر محتملاً لمّا ظهر من فعلهم المحرّم بإجماع المسلمين عليهم.

فإن قالوا: إنهم ادّعوا فيما ظهر من فعلهم حين ذلك ما لا يلزمهم الحكم بظاهرهِ عليهم، قيل لهم: وكذلك هو في اعتزالهِ قد أظهر أنه لم يتبرأ من إمامته، بل هذا منه أظهر ومعناه أصحّ في تعارفِ رعيتهِ، ولقد كان يحتملُ انتقالهُ للمعنى القوي في العذر له في محاولة افتراقهم على الأمرِ المخوف كان منهم باجتماعهم لما كان يذكر من أطماع القائم بأمورهم للأمر عند إدامتهم، وإن ذلك كان من الصلت أبلغ في الرأي وأحمد في العاقبة للمسلمين في دولتهم مما فيه سفك الدماء

٢ يكون] + نسخة كان، ر || الفعل] فعل نسخة الفعل، ر **٣** عليهما] عليها، ا ب ج || فيهما] عنهما نسخة فيهما، ر || من] -، ب ر || ذكرها] ذكره، ا ج || إذا] إذ، ج **٤** دليلاً] دليل، ا ب ج ر عن] من، + (حاشية) خ عن، ج، + (حاشية) من، ر **٥** للإمام] الإمام، ر || ولِـم سألوه] ولم يسألوه، ا ب ج؛ ولو سألوه نسخة ولم يسألوه، ر || التبرىء] الشرى، ا ب ج **٦** أنخلاعه] اختلاعه، ر **٧** لعجب] العجب، ا ب ر || تألبهم] تاليهم، ا || ومسيرهم] وسيرهم، ج || من غير] بغير، ر **٨** من[1]] في، ر || نقلته] تقلبه، ج، ر || وإن ...يكن] + ذلك، ا ب ج؛ وإذا لم يكن نسخة وإن لم يكن ذلك، ر **٩** الاجتماع] الإجماع، ج || محتملاً] محتمل، ر || لمّا ظهر] لغير ما ظهر، ا ب ج؛ + نسخة لغير ما ظهر، ر **١٠** عليهم] عليها، + (حاشية) خ عليهم، ب؛ + نسخة عليها، ر **١١** ما] -، ا ب ج **١٢** ومعناه أصحّ] ومعنا اصح، ا ج؛ ومعنى أصح، ب؛ ومعناه نسخة ومعنا اصح، ر **١٣** تعارفِ] + أنتقاله عنهم أصح في تعارف، ا ب ج || انتقالهُ ...القوي] المعنى القوي انتقاله، ر على] عن + (حاشية) على، ر **١٤** كان[1]] وكان، ا ب ج ر || من أطماع] الاجتماع، ا || القائم] للقائم، ب **١٥** ذلك] -، ا || فيه] في، ا ب ج

فيما بينهم، والله ولي حساب جميعهم، وإيّاهُ نسألُ بأخلص دعوة، وأضرع مسألة، أوثق عصمة، وأتم سلامة من كل محقة لعذابهِ في الآخرةِ، إنه أرحم الراحمين. وبعد فإذا صحّ بما ذكرنا أن الانخلاع من الإمامةِ هو شيء غير النقلة كان الانخلاع منها ادّعاء لباطن، فقطعوا به عذر المسلمين فيما معهم منه دونهم، فهذا هو التحكم منهم بغير حجّة تقوم به لهم، وإنّ لهم بذلك سوء مكان وأضلّ سبيل، فهذا.

وأما احتجاج من احتجّ بترك الصلت للنكير على من أشهر السلاح في العسكرِ عند ما كان من تجاوز موسى فيه فاعلموا رحمكم الله أنه لا يجبُ أن ينخلع أئمة العدلِ عن إمامتها وتوقع البراءات منها بالظنون والتهم من رعيتها، بل هي مطردة الأقوال في غيوب أحكامها، جائزة الرأي فيما تدبره من مصالح رعيتها وتحاوله من تقوية دولتها أمينة للمسلمين على ذلك فيها، بذلك جرت السنّة لها ما لم تخرج فيه إلى صراح المعصية لله في أفعالها. وليس في دين المسلمين اعتلال على أئمتهم فيما يحتمل من أفعالها العذر فيه لها في إمامتها، ولو كان إشَهار هذا السلاح من المحدِثين للقيام بالحماية به ليسوا بأمناء فيها على ما وكلوا به منها، ولا مصدَّقين على ما هو محتمل لعذرهم في معانيها عند إشراف المخوف لهم عليها فيما قد وكلّوا بحمايته والذب عنه منها، لأن ذلك فيما يفجأهم من التغلب على رعيتهم وما في أيديهم من أمانة المسلمين التي ائتمنهم الإمام عليها ووكّلهم بها، ولكان لهم أن يتصرفوا بهذا السلاح في هذا المتغلب عليهم إلى

١ فيما] فيها، ب، فيهما، ا ج ر || بينهم] منهم، ا ب ج ر || أوثق] واوثق، ا ب ج ر ٢ فإذا... ٣ الانخلاع[1]] فاذا صح لنا الاختلاع، ا، ب، ج؛ + نسخة فاذا صح لنا ان الاختلاع، ر ٣ من] في، ا || من... الانخلاع[2]] -، ر || لباطن... به] الباطن فقطعوا به،ا، ب، ج؛ لباطل قطعوا نسخة لباطن فقطعوا به، ر ٤ وإنّ... ٥ سبيل] وإنهم لهم بذلك شر مكانا وأضل سبيلا، ر ٦ للنكير] للمنكر نسخة للنكير، ر || أشهر] شهر، ب ر ٧ من] -، ا || رحمكم] رحمنا، ا || عن] من، ا ج؛ + (حاشية) من، ب ر || إمامتها] إمامتهما، ج ٨ منها] منهما، ا ج || مطردة] + نسخة مطرقة، ر الأقوال] بالأقوال، ا || غيوب] عيوب، ب ج ٩ وتحاوله] ومحاولة، ا ج || تقوية] تقوي به، ا ب ج ١١ أئمتهم] ائمتها، ر || إمامتها] أهلها امامتها منها، ج ١٢ بالحماية] بالجماعة، ا ج ر ١٣ إشراف] اسراف، ب ١٤ لأن] لكان، ا ب ج ر || التغلب] + نسخة التقلب، ر || أمانة] إمامة، ا ج ١٥ ائتمنهم] ايتمنه، ا || في] عن، ا ب ج ر || المتغلب] المتقلب، ب || إلى] -، ا ب ج

أن يأتيهم رأي إمامهم، فهذا. ولو لم يجب لهم عذر فيما ائتمنهم عليه إمامهم دون أن يظهر أن ذلك منه حق في مغيبهم لوجب مثل ذلك على إمامهم المؤتمن لهم، فهذا.

ولو كان هذا الإشهار كبيرة لا شبهة فيها ولا محتملة لعذر فاعليها ما كان يجب للرعّية قطع عذر إمامها وخلعه وتقديم إمام عليه بأن لم تعلم إنكاره لها على أهلها مع تجويز إنكاره لها بغير علمها. ولو وجب ذلك لجاز عند إشهار الواحد سلاحه في الجيوشِ والعساكرِ حتى يخلعوا إمامهم بذلك من الفعل وفي كل محرّم ظهر ما لم يعلموا إنكار الإمام له مع احتمال العذر له ولهم فيه، ولو كان ذلك كذلك ما ترك المسلمون نصيحته عند ما كان يحدث من ذلك في عساكر الأئمة وجيوشها دون أن يقيموا الحجّة عليه ويأخذوه بما يلزمه فيه. فإن ادعوا [أن] ذلك من الفعل كان ظاهراً في العسكرِ مشهوراً في الرعيّة مع إمامها، قلنا: فما حجتكم على من خالفكم في قيام الحجة على الإمامِ بشهرتهِ عندهم إذ قد جاز أن يكون لم يرفع إليه ولا عاينه؟ فإن قالوا: لو جاز ذلك لما حكم بمشهور خبر في أحد، قلنا: قد ثبت عندنا وعندكم أنّ المشهور لم يكن مشهورًا في أول أوقاته مع من لم يعاينه، وفي ذلك الادعاء لشهرته فيكم لشهرتهِ على مخالفيكم فيه.

فإن قالوا: لا يجوز إلا أن يكون قد علمه ولو بعد أوقات كثيرة من فعلهم له، قلنا لهم: أنتم في ذلك مدّعون لمغيب عنكم، وما قلتم في الحالف عليه لقد علمه، أيحنث عندكم في الحكم أم لا؟ وبعد، إن كان قد علمه بعد أوقات كما زعمتم ما أنكرتم أن يكون قد أنكره عليهم بالوعظِ لهم، إذ قد جوزتم فعله لذلك بغير حضرتكم؟

١ أن[3]] -، ر **٢** مغيبهم] معينهم، ا ب ج **٣** الإشهار] لاشهار، ج || كبيرة] كثيرة، ر **٤** بأن] كان، ا؛ + (حاشية) خ كان، ب؛ كان + (حاشية) خ بان، ج || مع تجويز] من تجويزها، ر || لها[2] + إياه، ا ج؛ + إياها، ب؛ +نسخة أياها، ر **٥** عند] غلبه، ا || إشهار] اشتهار، ج **٦** الفعل] الفضل، ر || يعلموا] يعلم نسخة يعلموا، ر || احتمال] احتماله، ا ج **٧** يحدث] + شيئا، ر **٩** مع] + نسخة ومع، ر **١٠** الحجة] حجتكم نسخة الحجة، ر || عندهم] عنده، ا ج؛ عندكم نسخة عندهم، ر || أن] لو، ا ج **١٢** أوقاته] أوقاتها، ا ب ج || لشهرته فيكم] لشهرته منكم: ا ب ج؛ -، ر **١٥** في ذلك] كذلك، أ، ج؛ لذلك، ب؛ لذلك نسخة في ذلك، ر || وما قلتم] وقلتم، ر || أيحنث] لعله لزمه الحنث، ا **١٦** وبعد] وعنه، ا ب ج ر || قد[1]] -، ا ب ج

فإن قالوا: عليه أن يُعلمنا ذلك، قلنا لهم: فألا قلتم ذلك في كل ما هو أمين عليه أن يظهر عذره لكم فيه حتى لا يغيب شيء عنكم تفرّد به عنكم في إمامته، وإن لم تسألوه عنه؟ ويقال لهم: فهل يجوز أن تخلعوه وتقدّموا إماماً عليه من قبل أن تسألوه عن مغيب أحكامه فيكم وقبل أن يعلمكم بها على سبيل العدل منه فيها؟ فإن زعموا ذلك خرجوا مما اجتمع المسلمون عليه في أئمتهم.

وبعد، فلو كان هذا الإشهار صحّ مع الإمامِ بشهرة هل كان يجب عليه حكم به ما لم يعلم من شهره ممن لم يشهره؟ فإن قالوا: إنّ الجميع داخلون في الفعلِ حتى يعلم البريء منهم، قيل لهم: ألا قلتم: فالكل في البراءة من الحكم به عليهم ما لم يعلم الداخل فيه الفاعل له منهم، ولا فرق لهم؟ ولو وجب ما قالوا لكان إذا ظهر من الواحد والاثنين، فلم يعلما بأعيانهما، لزم أهل المصر الحكم عليهم بما وجب عليهما مع العلم بهما، وفي هذا أخذ البريء بالسقيم.

وليس نرى أن القوم يجبرون على ادّعاء معرفة شاهري السلاح بأعيانهم وأعدادهم للإمام، فيحتج عليهم في ذلك بما يوفقُ اللهُ له من عدل القول فيهم. وبعد، فإن كل من لم يوافقهم فيه من ذلك، ومن إشهار الخبر مع الإمام بالفعل، ومن أنهم قصدوا إلى موسى به وأشهدوه عليه، فهم المدعون لذلك، وعليهم البرهان به. ولو أنّ موسى رفع إلى الإمام وادعى ذلك عليهم حين ذلك فأنكروا دعواه ما كانت البينة إلا عليه، ولو نزلوا إلى يمينهِ فحلف على ذلك وحلف آخر على صدقهِ فيما حلف عليه ممن شاهد ذلك من فعلهم كما شاهده هو هل كان حانثاً في يمينه؟ ولعّل موسى لو سئل عن ذلك لم يدّعه، فكيف يقطع عذر الإمام فيه بترك إنكارهِ ما لم يصحّ

١ فألا] هلا، ا؛ فهلا قالا، ج || أمين] أمير، ا ج ٢ لا] -، ا ج || عنكم[1]] ما، ا ج || به...إمامته] إمامته به، ر || تسألوه] يسألوه، ب ٣ تخلعوه] يخلعوه، ب ر || تسألوه] يسألوه، ا ب ج ر ٤ وقبل] من قبل، ر || المسلمون عليه] عليه المسلمون، ر ٦ كان[1]] أن، ر || بشهرة] بشهرة، ا ب ج؛ شهرته نسخة بشهرته، ر || حكم به] -، ا؛ حكمه، ب ج ٧ شهره...يشهره] شهرة ممن لم يشهره، ا، ب، ج؛ شهرته نسخة شهرة ممن لم يشهر به نسخة يشهره، ر ٨ يعلم] بياض في ر ١٠ وجب] لم يحكم نسخة وجب، ر || وفي] في، ا ج ١١ نرى] بري، ا ب ج || أن] على، ب يجبرون] يجبروا، ا ب ج؛ يجسروا، ر || شاهري] لشاهري، ا، ب، ج؛ + هذا، ر ١٢ يوفقُ] وفق، ر || القول] القوم، ر ١٣ وأشهدوه عليه] وشهرته عليهم، ا، ب، ج؛ وشهروه نسخة وشهرته عليه، ر ١٤ المدعون] المدعيون، ب ١٥ نزلوا] تولوا، ر ١٦ ممن] فمن، ج || ممن شاهد] فمن شاهده، ر ١٧ يدّعه] يدعيه، ر || إنكارهِ] إنكار، ا ب ج

أنهُ منكر من فاعليهِ، ولا طلب ذلك إليه المجني عليه، وهو قائم موجود بعينه؟ وبعد، فلو كان لا عذر للإمام في شيء مما ذكرناه ما كان لهم تقديم إمام عليه دون بحثه عن ذلك وأخذه بما يلزمه منه، وإشهار امتناعه من الواجب عليه الذي يكون بالامتناع منه ناقضًا لميثاق إمامته حتى يستفيض ذلك في رعيتهِ، فهذا.

وأما احتجاجهم بتوجيه الصلت بن مالك إلى راشد بن النظر بالخاتم والكمّة ومفاتيح الخزانة، فلو كان ذلك قبل تقدم راشد عليه ما كان ذلك انخلاعاً من الإمامة، فكيف وإنما كان ذلك فيما ادعوه بعد تقدم راشد عليه؟ وقد قلنا أن ما كان من أفعاله يعدُ لا يُصلح لهم العقد المحرّم لأنه ليس في عقد الإمامة نفل ولا محرّم يقوم مقام الفرض منها، ولا جعل الله للخلقِ التخيير فيها، وقد أتينا على جميع حججهم بما وفّق الله، ونستغفر الله عن الخطأ ونتوب إليه منه، فهو حسبنا إنّه خير الحاسبين، ونتوكل عليه موقنين أنّه أرحم الراحمين، وصلى الله على محّمد رسوله وآله الطيبين.

ثم إنا بعد ما ذكرناه من الجملةِ في صدر كتابنا مفصلون بتفسيرها فيما بعدها مجملاً من عقدة عزان بن تميم واستعماله المحدثين في إشهار توباتهم من أحداثهم والحدث بإزكي، وما طلب إليه من الحكم فيه، وعقدة الفضل بن الحواري عليه، ثم إجراء الحكم فيما بعد ذلك من العقدة المشتركة والمنفرد بها، وما انتقض منها بشرط فيها أو فساد فرع لها، فكل ما قامت الحجة في شيء من ذلك بتحريمه والشهرة له في الدينونة به فغير واسع جهله ولا سائغ الشك في ضلال

١ طلب] + في، ج || إليه] -، ا || المجني] المجيء، ا ج؛ المجنا، ر ٢ ذكرناه] ذكرناه، ر || إمام] +غيره، ر ٣ عليه] على، ر ٤ يستفيض] تسعه من، ا ج ر ٥ وأما] ولها، ا || بن مالك] -، ر || بن النظر] بن النضر، ب ر ٦ تقدم] تقديم، ا ب ج || انخلاعاً] انخلاع، ا ب ج || الإمامة] امامته، ر || وإنما] وإن، ا ب ج ٧ تقدم] تقديم، ا ب ج || يعدُ] بعده، ب || يُصلح] يصح، ا ب ج ٨ نفل ... محرّم] + (حاشية) خ غرم ، ب؛ نقل ولا غرم، ر || الفرض] + له، ر || ولا[2] وقد، ب ٩ فيها] فيهما، ر || وقد] فقد، ر || عن] من + (حاشية) عن، ر ١٠ فهو حسبنا] وحسبنا الله، ر || الحاسبين] المحاسبين، ب || وصلى الله] وصلي، ا ج ر ١١ محّمد رسوله] رسوله محمد النبي، ب || وآله] وعلى آله، ر ١٢ بعد ما] -، ا || مفصلون] متصلون، ب ر ١٤ وعقدة الفضل] عقده للفضل، ا ب ج ١٥ بشرط فيها] بشروط كانت فيها نسخة ما انتقض فيها بشرط فيها، ر || قامت] أقامته من، ج ١٦ به] له، ا ب ج

أهله، لأن الشّاك في ذلك ناقض لما في يده وراجع بالشك على نفسه فيما دان به، وكان ذلك لحق بحكم الجملة التي قدمنا ذكرها، وكلّ ما لم يقع ذلك في تفسيرها ولا انتظم لغيرها فواسع جهله ولا قطع لعذر الناس به، وما يثبت فيه التحريم لهم، ولم يبطل من ركوبه بالشهرة له فيهم، فذلك مقصورٌ على من علمه منهم، وخاصّ لهم في التّدين به، والحجّة به على كل منهم في خاصة نفسه، وبهذا الفرق يستأنف الولاية بغير محنة وتثبيت فيه للمتفقين على هذه الجملة التي في صدْر هذا الكتاب الدعّوة التي يجب الدعاء لهم بها إلى ما أثبتنا من الحكم فيها ما لم يتنازعوا بالبراءات في التسليم للمسلمين منهم ما وسعنا جهله لهم منها بهذا القول المجمل بها، وقد رأينا الإمساك بعد هذا الفرق عن إلزام كل واحد منهم تسميته وتسمية حدثه بما يجب من الحكم عليه فيما دخل فيه إلى حال الاتفاق على ما وصفنا، وبالله توفيقنا، ومنه عصمتنا وإليه في ذلك التجاؤنا، إنه واسع الرحمة عظيم الفضل، وصلى الله على محمد النبي وآله وسلم تسلماً، ولا إله إلا الله، عليه توكلت وهو رب العرش العظيم.

١ الشّاك] الشك، ا ب ج || يده] يديه، ا ب ج || على] عن، ا ج ٢ لحق بحكم] بحق بحكم، أ ج؛ يحق لحكم، ب || في] من ا ج || لغيرها] بغيرها، ر ٣ يثبت] ثبتت، ج؛ ثبت، ا || من ركوبه] + نسخة ولم يتصل في ركوبه، ر ٤ علمه] عمله، ا ب ج || وخاصّ] خاص، ر ٥ وبهذا] ولهذا، ا ب ج؛ + نسخة ولهذا، ر || محنة] محبة، ا ب ج || فيه] به، ر || للمتفقين] للمقنقين، ا ج ٦ التي[2]] الذي، ج || الدعاء] الادعاء، ا ب ج || أثبتنا] بينا، ا ج، + (حاشـية) خ بينا، ب؛ أثبتناه، ر ٧ المجمل بها] المحتمل لها، ا ب ج؛ + نسخة المحتمل لها، ر ٨ الفرق] الفراق، ا ج || من الحكم] -، ا ج ٩ وبالله توفيقنا] والله يوفقنا وجماعة المسلمين والمسلمات، ر || ومنه... ١٠ الفضل] وما هو خير في الدنيا والآخرة، ر ١٠ النبي] خاتم النبيين، ا؛ -، ج || وآله... ١١ العظيم] وسلم كثيراً، ر

المصادر والمراجع المعتمدة

إتحاف الأعيان في تاريخ بعض علماء عمان، سيف بن حمود بن حامد البطاشي، نشر مكتب المستشار السلطان لشؤون الدينية والتاريخية ط٢/ ١٤١٩هـ/١٩٩٨م، المطبعة الوطنية، عمان، ٣ أجزاء.

الأحاديث المختارة: أبو عبد الله الحنبلي (٥٦٧)، مكتبة النهضة الحديثة، مكة، ط١/ ١٤١٠، تحقيق: عبد الملك بن عبد الله بن دهيش.

أحكام القرآن، القرطبي، دار الشعب القاهرة، تحقيق: أحمد البردوني، ط٢/ ١٣٧٢هـ، ٢٠ جزء.

الإمام محمَّد بن مَحبوب الرحيلي حياته وآثاره، وكتابه أبواب من السنَّة مُختصرة: الحاج سليمان بن إبراهيم بابزيز الوارجلاني، نشر وزارة التراث والثقافة، سلطنة عمان، ط١/ ١٤٢٩هـ/٢٠٠٨م.

الأنساب، سلمة بن مسلم العوتبي الصحاري (ق: ٥هـ/١١م)، مسقط، وزارة التراث، ١٤٠٤هـ/١٩٨٤م، ٢ جزءين.

تحفة الأعيان بسيرة أهل عمان، عبد الله بن حميد السالمي (ت ١٣٣٢هـ/١٩١٤م)، طبع وتصحيح وتعليق: أبو إسحاق إبراهيم اطفيش، مطتعة الشباب، القاهرة، ط٢/ ١٣٥٠هـ، ٢ جزءين.

تفسير القرآن العظيم، أبو الفداء إسماعيل بن عمر بن كثير الدمشقي (٧٧٤هـ)، دار الفكر، بيروت، ١٤٠١، ٤ أجزاء.

جامع البيان، عن تأويل آي القُرْآن: الطبري: دار الفكر، بيروت، ١٤٢٠/١٩٩٩م، قدم له الشيخ خليل الميس، ضبط وتخريج حميد العطار، ١٥ جزء.

الجامع الصحيح: مسند الإمام الربيع، إعداد: سعود بن عبد الله الوهيبي، ط١/ ١٤١٥هـ/١٩٩٤م، مكتبة مسقط، سلطنة عمان.

جمعية التراث، معجم أعلام الإباضية (جزء المغرب)، القاهرة، الجزائر، ١٩٩٥م، ٥ أجزاء.

سنن ابن ماجة، بيت الأفكار الدولية، الرياض.

سنن أبي داود، أبو داود سليمان بن الأشعث السجستاني (ت ٢٧٥ هـ)، مراجعة وضبط مُحَمَّد محيي الدين عبد الحميد، القاهرة بدون تاريخ، ٤ أجزاء.
سنن البيهقي، أحمد بن الحسين (٤٥٨)، مكتبة دار الباز، مكة، ١٤١٤ تحقيق: مُحَمَّد عبد الباقي عطا، ١٠ أجزاء.
سنن الترمذي، بيت الأفكار الدولية، الرياض بدون تاريخ.
سنن الدارقطني، أبو الحسن علي بن عمر الدارقطني البغدادي، تحقيق: السيد عبد الله يماني، ط١٣٨٦/١٩٦٦.
سنن الدارمي، أبو محمد عبد الله بن عبد الرحمن الدارمي، تحقيق: فواز أحمد زمرلي، خالد السبع العلمي، ط١/ ١٤٠٧هـ، دار الكتاب العربي، بيروت، ٢ جزءين.
سنن النسائي، أحمد بن شعيب النسائي (٣٠٣هـ)، دار إحياء التراث العربي، دار البشائر الإسلامية، ١٩٨٦م.
سيرة ابن مداد، عبد الله بن مداد النزوي (٩١٧هـ)، مسقط، وزارة التراث، ١٩٨٤م.
شرح معاني الآثار، أحمد بن محمد بن سلامة الطحاوي، تحقيق: محمد زهري النجار، ط١/ ١٣٩٩هـ، دار الكتب العلمية، بيروت، ٤ أجزاء.
صحيح البخاري، اعتناء أبو صهيب، بيت الأفكار الدولية للنشر، الرياض، ١٤١٩هـ/١٩٩٨م.
صحيح مسلم بشرح النووي، أبو زكريا يحيى بن شرف بن مري النووي (٦٣١-٦٧٦هـ)، دار إحياء التراث العربي، بيروت، ١٣٩٢، ط٢/ ١٨ جزء.
الفتح المبين في سيرة السادة البوسعيديين، حميد بن محمد بن رزيق بن بخيت (١٢٧٥هـ/١٨٥٨م)، تحقيق: عبد المنعم عامر، د. محمد مرسي عبد الله، الفردوس للطباعة، نشر وزارة التراث، ط٥/ ١٤٢٢هـ/٢٠٠١م.
الفردوس بمأثور الخطاب، أبو شجاع شيرويه بن شهردار بن شيرويه الهمذاني الديلمي (٤٤٥-٥٠٩هـ)، تحقيق: السعيد بن بسيوني زغلول، ط١/ ١٩٨٦م، دار الكتب العلمية، بيروت.
قاموس الشريعة الحاوي على طرقها الوسيعة، جميل بن خميس السعدي (ق: ١٣هـ/١٩م)، مسقط، وزارة التراث، ١٤٠٣هـ/١٩٨٣م، صبع من ١-١٧، ويوجد في ٩٢ جزء.

الكامل في التاريخ، أبو الحسن عز الدين علي بن أبي الكرم محمد بن محمد الشيباني، ابن الأثير (٦٣٠هـ)، دار إحياء التراث العربي، بيروت، ط٤/ ١٤١٤هـ.

كشف الغمة الجامع لأخبار الأمة، سرحان بن سعيد الأزكوي، تحقيق: أحمد عبيدلي، دار دلمون، نيقوسيا، ١٩٨٦.

الموطأ، مالك بن أنس (١٧٩هـ)، دار إحياء التراث العربي، بيروت، ١٩٨٥م.

مجمع الزوائد ومنبع الفوائد، علي بن أبي بكر الهيثمي (٨٠٧هـ)، دار الريان للتراث، دار الكتاب العربي، القاهرة، بيروت ١٤٠٧، ١٠ أجزاء.

مختصر ابن كثير، تحق واختصار: مُحَمَّد علي الصابوني، دار الفكر بيروت، ٣ أجزاء.

المستدرك على الصحيحين، أبو عبد الله محمد بن عبد الله الحاكم النيسابوري (٣٢١-٤٠٥هـ)، تحقيق: مصطفى عبد القادر عطا، دار الكتب العلمية، بيروت، ط١/ ١٤١١هـ/١٩٩٠م، ٤ أجزاء.

مسند أبي عوانة، أبو عوانة يعقوب بن إسحاق الأسفرائيني، تحقيق: أيمان بن عارف الدمشقي، ط١/ ١٩٩٨م، دار المعرفة، بيروت، ٥ أجزاء.

مسند الإمام أحمد، أحمد بن حنبل أبو عبد الله الشيباني (١٦٤-٢٤١هـ) مؤسسة قرطبة، القاهرة، مصر، د.ت.

مسند الإمام أحمد، دار صادر، بيروت، وبهامشه منتخب كنز العمال في سنن الأقوال والأفعال.

المُصنَّف في الأحاديث والآثار، أبو بكر عبد الله بن محمد بن أبي شيبة الكوفي (٢٣٥هـ)، تحقيق: يوسف كامل الحوت، ط١/ ١٤٠٩هـ، مكتبة الرشد، الرياض.

معجم ما استعجم من أسماء البلاد والمواضع، أبو عبيد عبد الله بن عبد العزيز البكري الأندلسي (٤٨٧هـ)، تحقيق: مصطفى السقا، عالم الكتب، بيروت، ط٣/ ١٤٠٣، ٤ أجزاء.

المنتقى من السنن المسندة، عبد الله بن علي بن الجارود أبو محمد النيسابوري (٣٠٧هـ)، تحقيق: عبد الله عمر البارودي، مؤسسة الكتاب الثقافية، بيروت، ط١/ ١٤٠٨هـ/١٩٨٨م.

منهج الطالبين وبلاغ الراغبين، خميس بن سعيد بن علي بن مسعود الشقصي الرستاقي، تحقيق: سالم بن حمد الحارثي، وزارة التراث القومي، سلطنة عمان، ١٩٨١م، ٢٤ جزء.
نصب الراية، الزيلعي، مؤسسة الريان، تصحيح مُحَمَّد عوامة، ط/١٤١٨هـ/١٩٩٧م.
نيل الأوطار، محمد بن علي الشوكاني، دار الكلم الطيب، دمشق، بيروت، تحقيق: أحمد مُحَمَّد السيد وآخرون، ١/ ١٤١٩هـ/١٩٩٩م، ٥ أجزاء.
الكامل، المبرد، بحقيق زكي مبارك وأحمد شاكر، القاهرة، ١٩٣٦.
البيان والتبيين، الجاحظ، تحقيق: عبد السلام هارون، ١٩٤٨.